渴旅十九（上）

千禧流轉，關於我從醫學生轉生成背包勇者的事

作者——貝琪梨

自序

人生如果一切都可以預測，似乎就不會那麼有趣了。

就像昨夜春末五月，突如其來的KP 9磁暴等級的極光，轟炸南北半球，早在三週前的長期極光預測，昨夜的極光預測值是KP 2，我想起當年二〇一三年我第一次與KP 6的華麗極光相遇的那回，也是長期極光預測KP 2而已，但是總是有突然的太陽表面黑子磁暴發生，七十二小時的短期預測突然警示有極光爆發，彷彿天降大禮，昨晚亦是，不需要在冰天雪地守候著夜空，許多住在南北緯四十度以上中高緯度的人們，在自家後院拿起手機就能拍攝極光，這是十多年前許多人始料未及的。

小時候的我，夢想清單裡沒有「環遊世界」，也沒有想到過，長大之後，莫名其妙在三十歲前就能有機會到世界上許多地方旅行，同時還能保有一份對這個世界有些微貢獻的工作。

想動手寫「渴旅十九」的起心動念，其實早在十多年前，當我自助旅行已達十年的時候，想要寫一本書，姑且書名訂為「背包十年」好了，當時這十年已經歷過從窮學生背包，到二十幾歲靠自己賺的錢前往南極旅行，我想寫書來總結與紀念一下自助旅行的十年經歷。沒想到正當我有此想法的時候，赫然發現對岸一名內地的青年已經出了一本正叫做「背包十年」的書（二〇一一年四月十一日出版），這種感覺簡直像是當你想到研究主題可以做什麼新穎題材的時候，卻發現國外研究團隊已經發表了該主題的研究結果一樣！除了有新想法之外，動作還要搶快！

想要寫書紀錄過往旅行經歷的想法，從二〇一一年當時萌生之後，卻在自己嚴重的拖延症阻撓之下，一年拖過一年，畢竟生活中比起寫書，有更多更有趣、更吸引人的事情，二〇一二年底，我開始愛上野生動物攝影和極光攝影，上山看猩猩、下海和鯨魚游泳、拍北極熊、住在企鵝的棲息地旁一整天和企鵝玩耍，許許多多的體驗和想法如泉湧般地湧現，卻苦無時間好好替這些經歷做完整的紀錄。

過去這二十年間，旅行、工作、生活的步伐越來越快，節奏快到自己的步伐差點跟不上，彷彿隨時一個不留心的踉蹌就能讓自己跌倒滾落生活的深淵。

說巧不巧，那個讓全球人不想再經歷一次的新冠疫情出現，當時幾乎認識我的朋友，不論是碰面或線上接觸，幾乎無一例外地問過我：「現在疫情不能出國，妳會很痛苦嗎？」當時我總是這樣回答：「說真的，不會誒。」並非矯情的回答，而是當時我反倒慶幸疫情讓我過速的生活步伐暫緩下來，正好是個契機讓自己重新開機，也是個契機，可以回首過去，把過去前半生的旅行經歷做個好好的整理。

渴旅十九最初我自己的規劃是五十個篇章，但是粗估起來會變成一本四、五十萬字的巨書，最後經過幾輪地刪減，決定只挑選各種具有「第一次」意義的旅程來收錄，我刻意不在此書收錄極光，畢竟二、三十趟的極光旅程很難在一個小篇章的三言兩語中呈現，況且極光值得單獨獨立出來完整的篇幅去描繪。

渴旅十九上、下集這兩本書寫作及整理文稿歷時三年多，而正確來說文字創作的筆者，包括了十幾歲的貝琪梨、二十幾歲的貝琪梨和三十幾歲的貝琪梨，在上集的篇章裡，有引用許多當年我手寫下的旅行日誌內文，從第一趟紐西蘭自助旅行開始，至今我大約手寫了兩百多萬字的旅行筆記本，即便網路部落格、各種網路社交平台、各種數位雲端紀錄的工具早已蓬勃發展，我卻依然鍾愛這種古老的紀錄方式，文思只有透過握在手裡的筆尖，才能觸動最真實的情感。

這本書紀錄千禧年初至今，上個世代至這個世代自助旅行的演化歷程，從世界上多數人沒有手機的世代，到現今下至八歲幼童上至八旬老嫗都可能人手一機到多機的世代，從出門開車要翻紙本地圖的年代，到現今臨時想去哪裡再上網查詢使用導航的年代。

下集會分享近十年，在一個旅人經驗與經濟狀況提升後，進入另外一個領域的旅遊型態和模式，畢竟說實話，極地與野生動物旅遊非常花錢與消耗體力，在有許多人類出沒的城鎮，基本上就有大眾交通工具抵達，就能有省錢旅行的選項，但是那些位在大洋中間或是危險航道更遠處的南北極，並沒有什麼便宜的交通方式能夠抵達。

這本書的存在，不是鼓勵大家要有勇氣抛家棄子裸辭去旅行看世界的雞湯，而是世上有億億萬萬種的人生，期望能提供世人參考看看另外一種人生可能的存在。

貝琪梨 記於二〇二四年五月十二日 母親節

01

二〇〇二年一月

紐西蘭

二十未滿的第一次海外自助旅行

「每個人總有自己那麼的第一次，
不管是發生在十八歲，還是八十歲，
才能有機會第一次自助旅行，
卻等同地青澀、又如此令人興奮，
無論，你幾歲出發。」

New Zealand

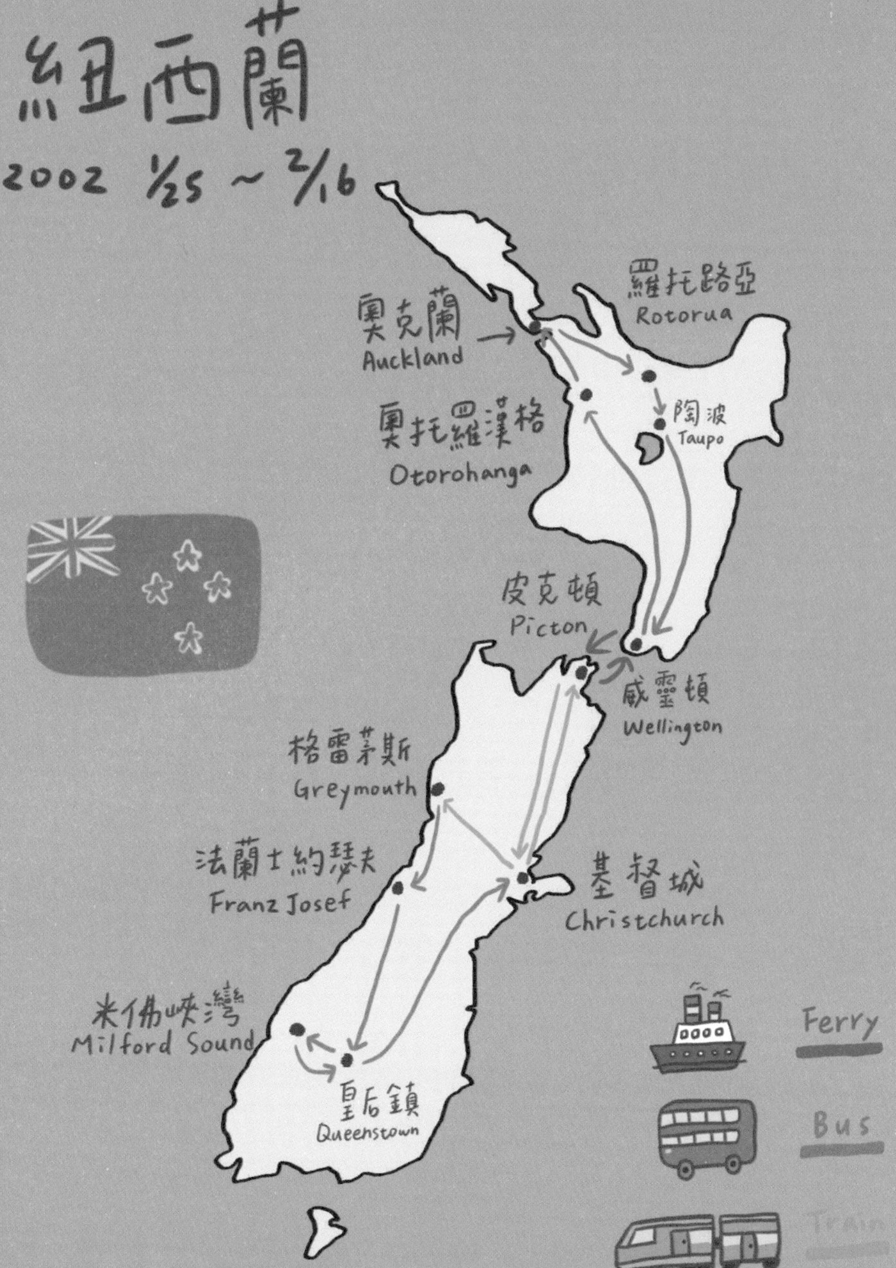
紐西蘭
2002 1/25 ~ 2/16
奧克蘭
Auckland
羅托路亞
Rotorua
奧托羅漢格
Otorohanga
陶波
Taupo
皮克頓
Picton
威靈頓
Wellington
格雷茅斯
Greymouth
法蘭士約瑟夫
Franz Josef
基督城
Christchurch
米佛峽灣
Milford Sound
皇后鎮
Queenstown
Ferry
Bus
Train

#自助人生的序幕

這一年，朋友們和我一共四個人，前往紐西蘭自助旅行二十三天，這是我們人生中的第一次海外自助旅行。每個人總有自己那麼的第一次，不管是發生在十八歲，還是八十歲，才能有機會第一次自助旅行，卻等同地青澀、又如此令人興奮，無論，你幾歲出發。

我的自助旅行啟發始祖Yvonne，二十歲、我，十九歲、Yvonne高中攝影社的朋友CY，十八歲、Yvonne的弟弟YD，十四歲，一夥四人平均年紀十七歲，我們各自和家裡積極抗爭。起初，當年我還在世的阿母相當反對，認為如果不喜歡走馬看花，可以選擇行程精緻的旅行團即可，時間久遠，我已然忘記究竟為此事僵持幾多時日，後來我阿爸最後批准讓我去，觀念保守傳統的阿母便不再反對，自此年少的我彷彿有生以來首次領略了擒賊先擒王的精髓，又好比逃生破窗時要集中火力敲擊受力弱點，才能以彈指之功施破城之力。

約莫正式出發的半年前，Yvonne 便發想這趟紐西蘭自助遊，並且邀約我和其他人，然後開始著手進行規劃。換言之，其實學業七年的大學剛一開學，我們便開始想著出國玩，並且極度認真地去實踐（笑）。四人各自徵得父母的同意後，就這樣背著登山大背包，學校一放寒假的隔天就出發，開學前一天回到台灣，竭盡所能地用盡寒假的每一天，前往紐西蘭自助旅行三個多禮拜。

年少時的自助旅行玩法，就是買便宜特價的機票，用時間換取金錢，需要在中間轉機的曼谷機場待上一晚，說便宜，其實當時一張機票也要台幣兩萬四千五百元，如果是轉機時間較好的機票，當時普遍的機票價格約台幣三萬到三萬五上下，**當年的旅行者應該萬萬未能料想到，在未來的十年後，會出現橫跨太平洋的機票竟然一張不到一萬塊的廉價航空大時代，而這樣的大航空時代竟又因為新冠肺炎病毒的橫空降世戛然而止。**

為了省錢而經歷漫長的轉機，彷彿夏令營的大地闖關遊戲，十幾歲的我們，自行摸索著如何出入海關，當時的時空，世界上還不存在「部落客」與「網紅」，「上網隨手搜尋，便能找到圖文並茂詳述如何進出海關的部落格文章，然後按圖索驥就好」這碼事，跟多啦A夢伸手進百寶袋便能隨時掏出便利的工具一樣，仍是只存在二維世界的想像。

初抵曼谷，一下飛機，剛走出閘門口，第一眼便看見泰英雙語的引導標示，那陌生的字母映入眼簾，對我而言充滿新鮮感，「哇，我真的離開台灣了誒」的興奮感爆棚。

距離轉機前往奧克蘭的班機還有將近十個鐘頭，我們有充足的時間探索這座機場，先是仔細地研究轉機航班的登機閘口位置，然後四處閒逛，看著航空公司貴賓室金碧輝煌的入口嘖嘖稱奇，看到屋頂雕刻華麗的涼亭，座落在極度挑高的機場建築中央，彷彿屋中屋，開眼界的同時，不僅是打發時間，同時亦一面研究打量著哪個位置半夜比較適合睡覺過夜，替回程做準備，因為回程的班機下午兩點多抵達曼谷，從曼谷回台北的班機必須等到隔天早上七點多，第一次出國自助旅行，便完成睡機場過夜的成就解鎖。

#健人就是腳勤

抵達紐西蘭，第一件事就是研究如何從機場抵達第一晚住宿的旅館，搭不起計程車，背著十五公斤的大行李，先搭機場巴士、轉市區巴士搭配走路、走路再走路前往青年旅館，打開手機Uber叫車這種奢侈的服務，亦不存在於那個年代人類的認知裡。

隔天一早醒來，作息便調整過來，十九歲的我，睡一覺就能調整好時差，或許從小寒暑假日夜顛倒的不良作息，冥冥之中，奠定了這種調整時差能力的基礎，以及預示了未來會成為不得不調時差「調到不要不要的」的急診醫師。

大夥出門搭公車前往奧克蘭郊區的伊甸山，這裡能眺望奧克蘭市全景，看著閒散的牛羊在青草坡地上恣意吃草，從伊甸山的眺望台開始了一天的步行旅程，根據從青年旅館櫃台拿取的地圖，往市中心的方向走，途經新市場區的時候，大夥肚子餓了，便晃進大型購物中心的美食街覓食，昨晚來到紐西蘭的第一餐，吃了一家印度餐館的咖哩，而這天在美食街吃了土耳其的皮塔餅，配紐西蘭淡啤酒Lion Red，不知道是否因為太過飢餓，每一餐都覺得相當美味滿足。

酒足飯飽後，繼續步行前往車站尋找開往One Tree Hill的火車，可惜星期天沒有班次，第一次感受到國外星期天「很多店都沒開」的文化衝擊，過去活在台灣的十九年，已然習慣各式各樣生活上的便利，和原來一切都不理所當然的「理所當然」。

2002-1-27（日）奧克蘭 Auckland

我們4點多吃完這頓不知是午餐還是晚餐，在New market準備想辦法去One tree hill，到train station發現Sunday沒火車，但是有一班蒸汽火車不知是開往何處的，正準備出發，一些人熱情地揮手bye to us，我們幾個東方旅人（陌生人！？）也回著揮手，友誼建立在幾秒之間，以後再也不存在，可是卻彼此很enjoy這種feelings，真奇怪！

後來我才知道原來令One Tree Hill得名的那棵樹，已不復存，現在應該稱作No Tree Hill才對。這讓我聯想到，每回我搭公車從嘉義高鐵站回鹽水老家時，會經過一個叫做五間厝的地方，猜想得出過去大概就是五間房舍發展起來的聚落，有些事物的歷史淵源，起初總是如此直觀、不拐彎抹角。

走著走著，我們走到奧克蘭戰爭博物館，融入博物館前草坪上悠度週末的當地人，也跟著躺在草地上，儘管小時候也會在隔壁鄰居家的花園裡抓蟋蟀、玩泥巴，記憶中卻從未躺在台灣的哪處草坪上打滾過。

觀察著博物館旁公園的步道、噴水池還有長相與台灣大不同的樹木與植栽，星期天的午後七點，太陽距離地平線還仍有一段高度，有人在玩美式足球，有人遛著令我分不清是像羊的狗還是像狗的羊，有人在慢跑，有人在玩飛盤，也有人在餵食池塘裡的綠頭鴨。一個金髮小女孩走過來對YD說了些話，畢竟當時只是國中生的YD一頭霧水地轉頭求助說：她在說什麼？天真的小女孩亦是滿臉莫名其妙，她可能不明白為什麼大哥哥不理她。

休息足夠，我們繼續一路看著聳立在奧克蘭地平線上的天空之塔，由小漸大，就這樣往它的方向走呀走，一整天走了十四公里，最後終於抵達天空之塔，花了十元紐幣（當時對台幣匯率約莫一比十四點五，約台幣一百四十五元）搭電梯到塔頂的展望台去看市景，若不是已經走了一整天，年輕氣盛的我們說不定會挑戰走樓梯登頂（笑）。[1]

語言不是問題？

2002-2-9（日）

米佛峽灣 Milford Sound

划呀划，往外划雖然有點逆風卻比較輕鬆前進，遠遠看見前方一個白髮老伯伯他比手勢要我過去，於是往他的方向去，他告訴我有seal，就和他等著，望著海面上，過了一會兒真的看到海豹的尾巴（還是後肢！?），然後牠越游越近，還一邊不時地翻滾玩耍好可愛，直到最後牠在我前面不到五公尺處潛入水中，才不見蹤影，好棒的經歷喔！也像是個我和格陵蘭老伯伯的秘密。（不過他倒長得很像日本人，怪哉！）不久鳴笛叫大家上船，我還奮力划到船邊去拍照哩！

二〇〇二年二月九日，那天的日記上記錄著，白天在米佛峽灣人生第一次划獨木舟的過程，當時划獨木舟在台灣還不盛行，對我們幾位小鬼頭而言，是相當新鮮有趣的戶外活動。雖然小時候是在嘉南平原的鄉下地方長大，幾乎不曾有這種與大型野生動物近距離接觸的經驗，第一次近距離看見野生海豹，更是令當時的我記憶深刻。

動筆寫作此文，時值疫情爆發的二〇二〇年，也正是我去過格陵蘭（二〇一九年）的一年後，我正巧在台灣考取海洋獨木舟初級認證，與當初相隔十八年，多年前的我，在日記上寫下我的疑惑：為何格陵蘭老伯伯長得像日本人？現在的我已經得知答案，而且是在後來的旅行中無意間解開自己多年前的疑問。二〇一九年四月我一個人前往格陵蘭拍攝極光，好幾次當地人對我說格陵蘭語，見我一臉狐疑，才赫然發現我是外地人，原來格陵蘭原住民是生活在極地的因紐特人，源自蒙古人種的黃種人，才會把我誤認為當地人，也難怪當年我會認為格陵蘭老伯伯長得像日本人。

初到紐西蘭，說著異國語言的世界，宛如突然進入那個中學聽了好幾年英文廣播的虛擬實境中，不同的是，紐西蘭人濃濃口音的英文，起初聽著吃力，過幾天倒也是漸漸稍能習慣。

世界這麼大，但即使語言不通還是去得了，不過倘若語言能通就更能暢行無阻，能大幅降低

---

1 當年若真的想要爬樓梯登頂是沒辦法的，遊客只能購票搭乘電梯上塔頂，從二〇一九年開始紐西蘭血癌協會（Leukemia & Blood Cancer New Zealand）舉辦公益天空之塔登高挑戰活動，活動報名費用捐助給紐西蘭每日增加七名新診斷血癌的患者們，該活動是民眾目前唯一有機會可以用自己的雙腳爬樓梯登上南半球最高建築物的機會，二〇二〇年的活動因為新冠肺炎延期，直到二〇二二年十二月活動重新舉辦，有興趣的人可以上網搜尋Step Up Sky Tower Stair Challenge。

不安的焦慮感，第一次出國自助旅行選擇紐西蘭的原因之一便是考量英文可通，其次是治安良好與觀光配套設施完善。

如果語言能通，能直接閱讀當地博物館或是展示館的說明文字，雖然很多地方有翻譯成各國語言的簡介印刷品提供參考，不過若能夠直接聽說讀英文，便能夠參加當地的導覽，通常場次較多，也能直接交流和發問，而不需要透過翻譯。

自助旅行更多時候是經由和當地人閒聊的過程當中，得知一些有趣的事情，例如在植被地貌與台灣截然不同的紐西蘭，參加導覽健行，認識了一種被稱作寡婦製造者Widowmaker的植物，該名稱源自這種長在樹枝上一團一團的植物，工人有時會在砍伐木材時被砸死，工人的太太就變成寡婦了；紐西蘭當地品牌碳酸飲料L&P的名稱由來，L指的是Lemon檸檬，P指的是Paerou當初發明這種飲料的小鎮名，或許知道了L&P這飲料名稱的由來，不會影響我舌尖味蕾對它味道的感知，卻能因覺得有趣而使得大腦對它的味道添加風味，並且強化了味覺的記憶。

時代一直在改變，當時的紐西蘭觀光業已經非常發達，許多景點和一日行程的旅行團介紹都有各種語言的說明翻譯資料，包括中文，而且只有繁體中文。另外觀察到有趣的現象，還包括當年無論到哪都看不到韓文的說明傳單，長相東方的我去到紀念品店，首先會被用日文打招呼，當我用英文開口表明我不是日本人的時候，其次才會被詢問是韓國人嗎？是中國人嗎？我總是回答：我是台灣人。我來自台灣，從二十年前，我便總是這樣回答，一直沒變。

當年，威靈頓一間餐廳的金髮小鮮肉服務生，會因為我信用卡簽單上的中文字而興奮驚呼，現今這年代，西方人對中國字早已見怪不怪；那個年代，基督城街上的紀念品店員會因為我的東方面孔直接用日文招呼，接下來的十年間，國外的韓國遊客如雨後春筍湧出，幾乎各大景點的簡介本開始多了韓文版本，很明顯自助旅行遇見日本人的比例大幅下降。

再更接下來的第二個十年間，世界各地湧入大量的中國旅人，而現今這個年代去到哪都會直接被用北京腔的中文打招呼，彷彿旅行時只會說中文也行，然後一夕之間，百分之九十九的中國人被新冠病毒封印在那塊土地上，疫情後暫時能遇上的都是居住海外的華人。或許我個人的旅遊模式和地點偏好會造成觀察上的偏差，不代表整體的事實，然而這也確實是我所觀察到二十年來的現象趨勢。

旅行抑或不旅行，這是個值得考慮的問題

"To travel or not to travel, that is the question."

這張紐西蘭來回機票的錢是爸媽出的，剩下的旅費便是靠自己在大一平時週間社團活動以外的日子，兼家教上課存錢，漫長的大學生活，就此以上課、社團活動、家教填滿的模樣華麗地揭開序幕，而接下來未來的十九年、五十國、九十趟的出國旅行，旅費都是花自己所賺的錢，我賺的，我驕傲。

大學畢業後，一直以來，我都是處於有全職工作、利用休假出國的狀態，從來沒有離職過，儘管羨慕那些辭職、利用Gap year出國壯遊動輒就是一兩年起跳的網紅旅行者，仍慶幸自己比別人幸運的是，我能從高壓工作的縫隙間，找到維持旅行和生活的平衡。

更加幸運的是，不需要像有些同學、認識的朋友得幫忙替家裡還債，或是得照顧長年久病的家人，尤其感謝我阿爸過去這些年把自己健康照顧得很好，一直以來都是不需要我特地提醒，每年主動去打流感疫苗、每天量血壓做紀錄的模範生。感恩如此的阿爸，我才能一直無後顧之憂地頻繁出國，我只需要負責好自己的生活，這是一個人活在世界上看似簡單平凡再不過、卻又極為不容易的事。

會特別提起這件事，是因為二〇一六年時，曾經有一位當時經營青年旅館和講座空間的朋友展展告知我，有次一名客人前去他店內，翻閱了我在他店內寄賣的書——二〇一五年出版的《追逐，幻舞極光》，那個人翻了翻書後，把書放回書架上，同時對她的朋友說：真羨慕，這人家裡一定很有錢！

其實不需要羨慕，更何況還羨慕錯人了！不瞭解我的人，或許會存在一種「這個人不用工作一直玩」、「家裡很有錢可以一直去看極光」的誤解印象。有錢有有錢的旅行方式，沒錢也有沒錢的旅行方式，生活中也認識了甚至像同事的母親這樣的人物，一輩子活動範圍未曾離開過新竹的山上，但是子孫滿堂、日子過得平順和樂，她並非沒有能力去旅行，她證實了世界上存在各式各樣的人，包括真的不需要旅行的人、不愛旅行的人。而那些羨慕別人可以四處去旅行的人，他，或許是本質上喜愛旅行的多變；她，或許是喜歡從事某些特定活動例如滑雪、潛水、登山、參觀博物館、聽現場演唱會、吃當地美食；更常時候，他們其實是羨慕可以去旅行背後所代表的可能意義──「這段時間不用工作」、「負擔得起生活必需以外的花費」。

無論如何，旅行僅僅是眾多生活方式的其中一種選擇，如果真心喜歡，任何事情也阻止不了你去旅行，反之，我也同樣能理解不喜歡旅行的人，再如何脅迫利誘亦逼迫不了他們出門。

我將自己這種理解、同理並接受「世界上與自己邏輯喜好大相逕庭的存在」，部分歸因於多年來晃蕩於世界各處，經歷了一次次在台灣不可能遇見、看見、聽見、嗅見的人、物、事件，有些令人瞠目結舌的畫面，在面前親眼看見，和從電視上、書上看見，其感受是截然不同的，從以前到現在所經歷的一切，包括每一趟的旅行，才塑造出今日的我。

千禧年之初，那個年代大多數的旅遊資訊來自旅遊書，網路訊息極少，更準確地說，除了當時還沒有所謂的社群媒體，雖然像是電子布告欄（BBS）和通訊軟體例如ICQ、Messenger等已開始發展，除非是舉世皆知的熱門大景點單位才會架設網頁，許多小景點或是地方性的活動，都是必須人到了國外當地的旅遊中心或是旅館，才有辦法獲得資訊。

就連住宿也很難出發前就全數事先訂好，因為在當時有些住宿可以事先用電子郵件詢問訂房，也有很多列在英文旅遊指南上的旅館根本沒有網頁和電子郵箱可以聯絡，只有電話，而窮學生也不想花好幾百塊打國際電話去訂房。比較保險的做法是，至少抵達的第一晚找可以電子郵件聯繫或網路訂房的住宿，實際在人抵達國外後，後續的住宿到當地再趕緊用電話陸續訂房，十來歲的窮學生超怕在國外露宿街頭。

如今想起，當年同意讓我出門的爸媽相當了不起，當時手機市場甫興起，國內手機通話費就昂貴不已的年代，更遑論國際漫遊的手機通話費昂貴到驚人，必須接受孩子許多天人在國外沒消沒息，好幾天才撥一通可能通話品質超差的國際電話回來報平安。

我曾經認真思考過，如果是我為人父母了，我自己是否就能放心十幾歲的孩子們自己出國呢？不帶手機，如果他們沒有主動聯絡就等於失聯的狀態，讓他們去一個只能講另外一種語言的國家三個多禮拜，即便是國際旅遊已便利到不行的今日，或許我都會猶豫再三再答應讓孩子去。**原來，當年離開舒適圈出國自助旅行，真正有勇氣的不是本人，是阿爸阿母！**

#體力有限，回憶無價

回首第一次紐西蘭出國自助旅行，大夥簡直就像無限充飽的電池不斷放電，每天的行程，除了移動日需要背著重達十幾公斤的背包搭車和找旅館，其他日子在出門後，不是走步道健行，就是參加諸如高空彈跳、白水泛舟、黑水泛舟、J-boat、騎馬、釣鱒魚、划海洋獨木舟、滑草、冰河健行等各類消耗體力的活動。

結束一整天的活動，每天睡前再花上兩個小時手寫遊記，鉅細靡遺記下一整天去了哪裡、花了多少錢、遇見什麼人，有時是和同伴無腦的對話，一旦沒有當天寫下，幾天後就會忘得一乾二淨，然而事後翻翻遊記看見當時記錄的對話，經常能令人莞爾一笑，感謝過去勤勞的自己，犧牲睡眠來替自己的人生做記錄。

旅程中每趟手寫約兩萬字的旅遊手札裡，紀錄各式各樣的第一次感動和震撼，例如，第一次置身在城市的公園裡，能看見不遠處的海面上漂浮著葉葉帆船，感到極度不可思議；第一次，因為當地公車司機明明找錯錢卻不承認，覺得被當外國人欺負不甘心，立志要把英文學好到可以流利地和人吵架；在懷芒古（Waimangu）火山谷的健行步道，看見一名西方女子赤腳走在滿途的碎石路上，好奇地詢問，原來她弄丟了鞋，來不及買新鞋，於是光著腳在大太陽下走完三、四公里的步道，第一次親眼見證外國人令人傻眼的隨性。

許許多多的第一次，既青澀到不堪回首，著實令人懷念。

從伊甸山朝著天空塔方向一路步行，途中經過一處公園，悠閒地在柳蔭下餵食棲息於此的黑天鵝。

未滿二十的我，在奧克蘭郊區的伊甸山頂眺望奧克蘭市區景色，一副退休人士的穿搭（笑）。

陶波湖，迎面而來清新不黏膩的風，心曠神怡。對於潔淨又與人親近的自然淡水水域，感到新奇，此前小時候在台灣對於自然水域的印象，停留在充斥著長輩告誡危險、國家立牌警示禁止戲水釣魚、水質不淨的觀念。

奧克蘭的黃昏城市剪影。

由左而右，分別是我、CY、Yvonne，二〇〇二年二月攝於法蘭士約瑟夫冰川（Franz Josef Glacier），總長十二公里的冰川光二〇〇七到二〇二一年已退後八百公尺，表示現今若要從當年拍攝照片的地方走至冰川處，需要往冰川谷上游走將近一公里才能見到冰川。

從小在台灣長大的我們，人生第一次攀爬冰川，感到新鮮無比。

二〇〇二年前往紐西蘭時，所有觀光景點、旅行社、青年旅館所提供的景點行程介紹單張中文版本，都是繁體中文。

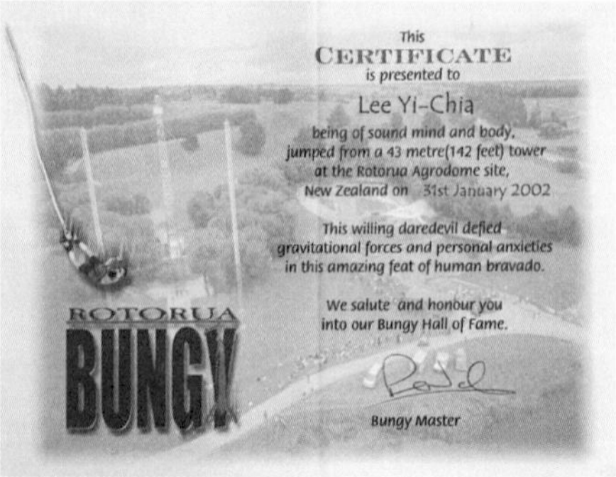

第一次高空彈跳的證書。

高空彈跳在反彈時人體要承受七倍重力加速度的反彈力道，頭部整個漲紅，大概也只有年輕時沒有硬化的血管承受得起吧（笑）。

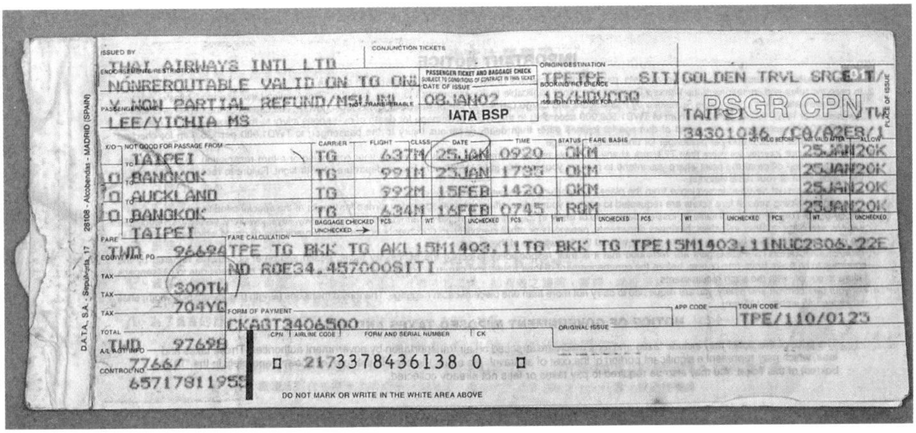

紙本機票的年代，機票被列印在許多層的複印紙上。

紐西蘭當地購買的國際電話卡。

國際電話卡，需要按照卡片上指示撥打一連串接通碼，才能撥打到台灣目的地電話號碼，有些國際電話卡則是需先撥打號碼給接線員接聽後，才能撥打回台灣，每每撥打時，都很緊張不曉得是否能聽懂對方帶有口音的英文。

米佛峽灣的瓶鼻海豚，二十年前剛開始出現在市場上的富士數位相機，一次拍攝一張的狀態，竟能拍得如此清楚，現在也感到神奇，畢竟現在都是用一秒連拍二十張的相機在拍攝高速移動中的野生動物。

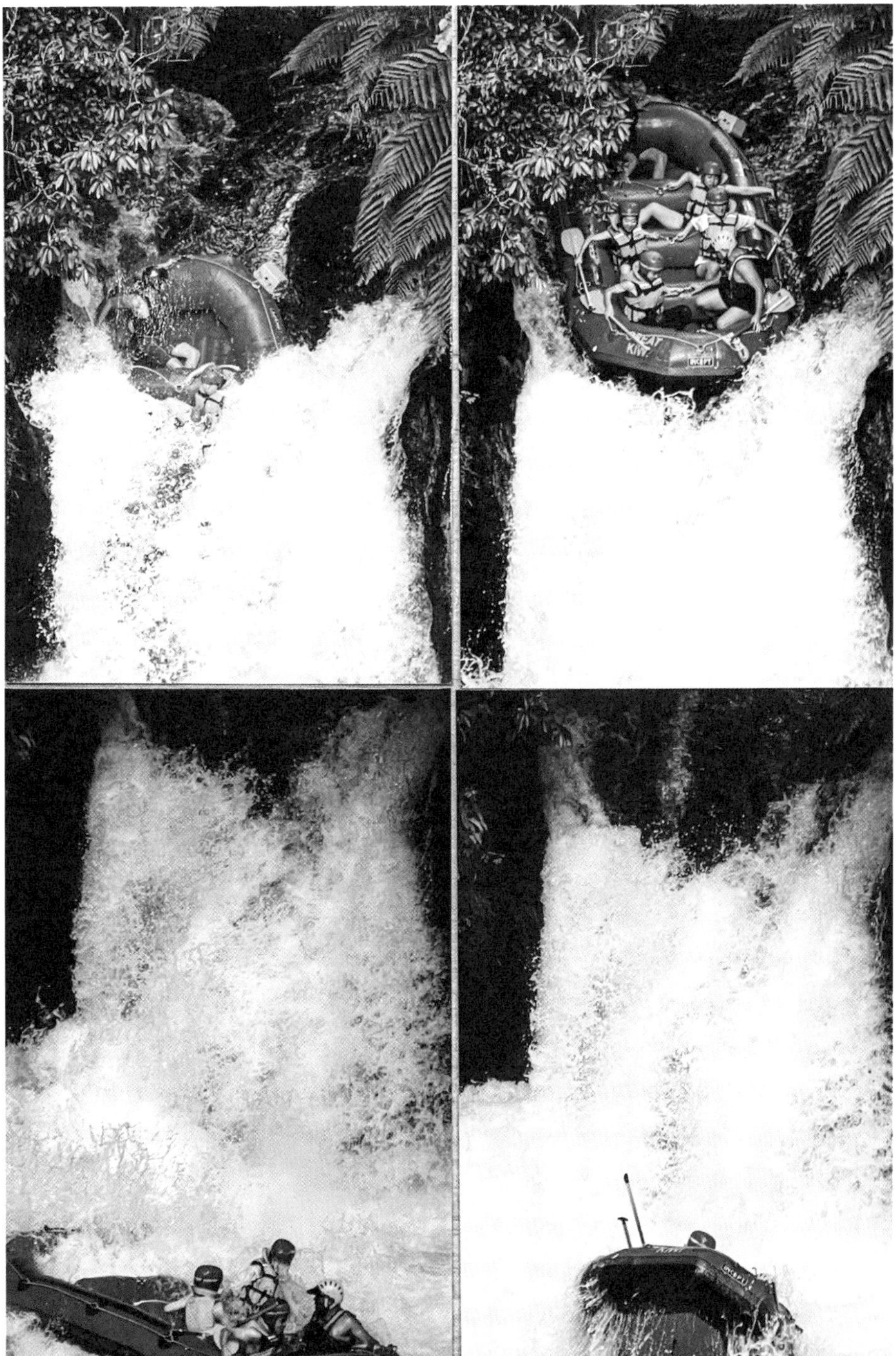

右上、左上、右下、左下，記錄下當時四名手無縛雞之力的東方青少男女，溯溪從七米高的瀑布落下，因為划動力道太弱，險些翻覆，當時CY和後方的教練落水，經歷驚險刺激的體驗。

02

二〇〇二年七月 美國西岸

第一次租車自駕自助旅行

「那時，是個沒有智慧型手機、沒有行動上網、沒有導航的宇宙。在陌生的國度開車自駕，非常需要仰賴善於看地圖的副駕駛擔任人肉導航，同時還需具備從疾馳前進的車子中，迅速看清外文路標的能力。」

United States West Coast

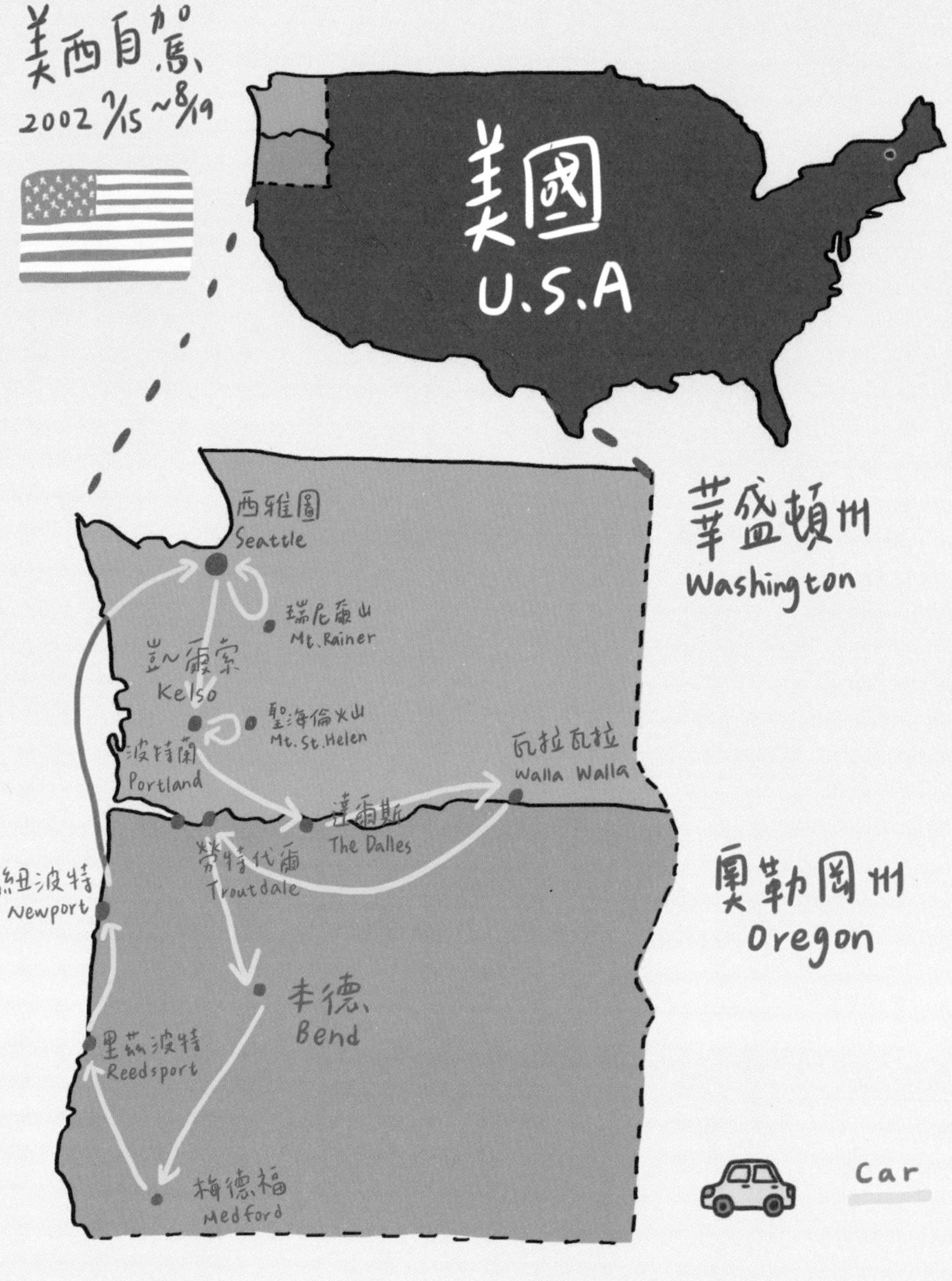
美西自駕
2002 7/15~8/19
美國
U.S.A
華盛頓州
Washington
西雅圖
Seattle
瑞尼爾山
Mt. Rainer
凱爾索
Kelso
聖海倫火山
Mt. St. Helen
波特蘭
Portland
瓦拉瓦拉
Walla Walla
達爾斯
The Dalles
勞特代爾
Troutdale
紐波特
Newport
奧勒岡州
Oregon
本德
Bend
里茲波特
Reedsport
梅德福
Medford
Car

＃出外靠朋友…的朋友

2002-07-18（四）西雅圖 Seattle

下午四點，準備回到旅館前，繞去AAA美國汽車協會。Frank拿會員的Maps，他買了兩本旅遊資訊的書，一本是Washington & Oregon，一本是California，我偷偷觀察，他是買的，他卻告訴我們是免費的，"Everything is free in America."He said, but I don't think so, and actually not！他是怕我們擔心花他太多錢，麻煩他太多。今天午餐Mei 假裝要去上廁所，趁機趕緊先去把帳單付掉，在此之前每一次去餐廳都是Frank付的，真的很不好意思。

二〇〇二年夏天，大學的第一個暑假，利用一個多月的時間到美西自駕旅行，與大姐姐和她的同事Mei同行，這是我第二次出國自助旅行，一樣選擇英語系國家。

這趟行程是自駕旅行，儘管我也有駕照，因為年齡二十五歲以下的駕駛者，租車費用較高，租車的時候僅登記其他兩人，因此整趟旅行我都無法開車。嚴格來說，算是我跟著別人自駕的自助旅行，初嚐了自助旅行能夠擁有自行移動能力的甜美滋味。

第一週在西雅圖的行程，因為有Mei認識的在地網友Frank當地陪，那段期間的行程其實壓根兒一點也不自助，熱心的Frank或許是出於擔心我們這幾個剛開始自助旅行的年輕人，每天想著替我們安排行程。

某天Frank帶我們從所居住的西雅圖，開車開三個多小時前往Mt. Rainer National Park，以往「三個多小時」的車程，在我的認知裡已經是台灣頭快到台灣尾的距離，而對Frank而言，那只是去附近的國家公園走走，我詫異著自己與美國人對距離感的認知殊異。

一路上因為有Frank帶路的關係，知道了美國州政府的一些社會福利優惠，諸如資深公民身分可以跟政府用半價的價格購買計程車券，像是用四十元美金購買面額八十元美金的乘車券，或是進入國家公園可以直接出示身分證，車子直接開進免排隊繳費的車道，這些皆是平時觀光客鮮少知道的事。

至此之後陸續的許多趟旅程，才特別去注意，其他很多國家的國家級景點對於該國人民都相當有優惠，像是在開羅的埃及博物館對埃及人民的收費僅是外國遊客的六分之一，一直以來都覺得台北故宮的入門收費過於便宜，也沒有作出對於本國人民和外籍遊客的優惠價格區分，藉以鼓勵國人參觀。

到Frank家作客，著實開了像我這樣鄉下小孩的眼界，Frank是波音公司[1]的退休員工，他太太Katty是銀行經理兼股東，他們的住所是坐落在西雅圖郊區山坡邊的高級住宅，三層樓的獨棟豪宅。

---

1 波音公司，為美國一家開發、生產及銷售固定翼飛機、旋翼機、火箭、導彈和人造衛星等產品的公司，為世界最大的航天航空器製造商。

進門後，厚實又軟綿綿的地毯，鬆軟的麂皮沙發，整棟屋內的各種擺設都向我襲來陣陣高級感，連廁所的裝潢和蓬鬆毛絨觸感的拖鞋，附製冰機的超大冰箱、洗碗機和擺放在陽台上的BBQ烤台，都讓我嘖嘖稱奇，二十年前從小到大身邊的同學朋友，還沒有聽過有人家裡有洗碗機和BBQ烤台的。我扶著下巴，驚奇著原來「美國人」家裡是這樣的，多年之後才明白，事實上應該是原來「有錢的美國人」家裡是這樣的！

Frank幫忙安排我們其中一日去參觀波音公司，時逢美國遭受911恐怖攻擊事件發生後未滿一年，參觀的導覽行程一切從嚴，入內的參觀者需要安檢，參觀的過程禁止拍照，連建築物外觀亦不行。解說員一開始簡單說明時，便開門見山地表示她說話很快，接下來的一個小時，簡直是高級英文聽力測驗般難熬。

我們先觀看了一個七分鐘的縮時影片，看各種零件如何組成一架完整的飛機，接著依照大家手上持票的顏色，將參觀者分成兩批，一批人搭上巴士先參觀廠房地下的隧道，一批人先參觀三樓的廠房。

巴士載我們到廠房外看了耳熟能詳的波音七三七、七四七、七六七、七七七，解說員飛快地說出一堆數據，還來不及在腦袋中從英文轉化成阿拉伯數字，下一句又過去了，分別不出它們之間的異同，索性放棄用腦努力聽，跟著東看西看，只覺得壯觀不已，參觀行程的最後一站來到機艙模擬室，行程結束時，波音公司讓大家使用平板電腦按數字來做問卷調查。

那天的旅行日記上，我使用了「電子pad」這個詞彙來記載，因為當時一般像微波爐一樣巨大的桌上型電腦剛開始普及、連筆記型電腦都尚未普及，平板電腦大約是當時至此十年之後才開始出現在市面上，手上這個螢幕觸控操作的「電子板」，對於當時的我，覺得簡直是外太空科技一般的先進！

一週後，我們取了租賃的車駛離西雅圖，這趟旅程才剛開始有資格稱作自助旅行。將近二十年前，台灣還不時興住汽車旅館的年代，我們三個二十初、出國旅行經驗值極低的女生，就這樣隨開隨玩，每天都是到當地才隨處臨時找當晚的住宿，而且入住的是顛覆自己印象的「汽車旅館」。

小時候印象中台灣的汽車旅館Motel，也就是俗稱的摩鐵，大多數都是有特殊需求的人短暫休息用，像是那些有「可不可以放進去一下下就好」[2]需求的人們，而旅遊住宿一般會選擇所謂的旅館或是飯店。這趟旅程中才發現原來美國人是經常開車旅行，住宿汽車旅館相當便利，完全不需要下車即可完成入住手續、領房門鑰匙，把車直接停在房間門口，移動行李很是方便，隔天離開也是東西收拾完，距房門口幾步之遙，行李就能上車，隨時出發。同樣稱作汽車旅館，在不同的文化社

2 可不可以放進去一下下就好，歌名，為一首台灣阿美族歌手巴大雄於二〇二二年發表的歌曲，歌詞詼諧帶黃腔對有夫之婦意淫調情，衛道人士認為這首歌的言詞涉及性騷擾，提出批判，亦有人認為這首母系社會阿美族歌手唱的男性卑微意淫之歌，是另一種性別抗爭的表現。

會裡，用途與定義不一定是一樣的，我們往往被過去所存在的社會觀侷限了思考而產生偏見。

那年代網際網路和手機剛開始普及，即使在台灣，仍是個大學生也只有約半數的人擁有手機的年代，更遑論帶手機出國開漫遊打國際電話，只有有錢人才負擔得起的奢華旅行方式。

那時，是個沒有智慧型手機、沒有行動上網、沒有導航的宇宙。在陌生的國度開車自駕，非常需要仰賴善於看地圖的副駕駛擔任人肉導航，同時還需具備從疾馳前進的車子中，迅速看清外文路標的能力。

或許是因為自己是從那樣的年代開始旅行，即使到今日，仍然偏好使用文字資訊量多、幾乎沒有圖片、有每個城鎮詳細地圖的原文旅遊工具書，只要手上有地圖，即使手機沒電，即使無法上網，還是能夠生存，可以很快辨識出東西南北、前後左右、在哪裡、怎麼走、如何回來。

來到美國之後，處處感受著異國文化的衝擊，不過很快，我們也學會自己拿油槍加油，在加油站的商店裡結帳後自己拿著外帶杯去裝咖啡，這些在台灣有人服務到好是「理所當然的事」，原來並非在每個地方都是理所當然的。在這個人工昂貴的國家，彷彿不管男女老少，自己DIY裝個馬桶浴缸、換個輪胎、修個車都是基本技能。有一回在大賣場的停車場，看見下車需要拿拐杖滿頭白髮的老奶奶，自己一個人開車到賣場採買，那畫面至今仍深烙我腦海，國情不同從小培養出的自主獨立，這是鮮少出現在台灣的景象。

#瓦拉瓦拉的地獄天使

往南行駛，下一個目的地是去找Mei的美國網友Tiffany。車子開進了小鎮，映入眼簾的是視野無所遮蔽的平坦天際線，宛如西部牛仔電影裡才有的場景。進入市區筆直的道路不斷往前延伸，建築物的高度不超過三層樓，那種一眼可以看盡整個城鎮的感覺相當新奇。

車子剛開進鎮裡，卻可以看見遠方另一端離開這個小鎮的公路延伸而去，和台灣全然不同。在國內即便是位在地勢平坦遼闊的嘉南平原，總有樹林、建築物遮蔽視野，地平線的盡頭也總有丘陵山脈起伏，而現在眼前所見的場景，腦中立刻浮現地理課本中描述的「地廣人稀」，第一次感到怪不得古早以前的人類會認為「世界是水平的」！不僅Frank 開車「附近走走」就是三小時路程的距離感，抑或一個鄉村城鎮規模的空間感，對當時從小在島國台灣土生土長的我而言，來到遼闊的美洲大陸，幾乎任何事物皆令我開眼界。

我們來到了這個叫做瓦拉瓦拉（Walla Walla）的地方，位處華盛頓州很靠近奧勒岡州的一個郡，如果不是為了前來和Tiffany碰面，大概不會在這個對台灣人而言，超級名不見經傳的地方停留。這麼多年來旅行世界各地，也認識了許許多多比我旅行過更多地方的人，卻從來未曾遇見來過Walla Walla的其他人，或許有人來過只是正巧沒有聊到，對於旅遊地來說，它冷門到世界旅人們的交流也不太容易被提起的程度。

我對這個地方的第一印象，就是它的地名有著莫名的喜感，瓦拉瓦拉、哇啦哇啦，不禁聯想起一天到晚皮卡~皮卡~的神奇寶貝[3]，好奇這裡是否居住著一種發出哇啦~哇啦~叫聲的物種。事實上，瓦拉瓦拉源自於一八〇五年當時初墾者來到這裡，遇見了一群當地的印第安原住民，指著這條匯流入哥倫比亞河的小河，稱之Wallah Wallah，意為Many waters，初墾者便稱這條河為瓦拉瓦拉河，亦用瓦拉瓦拉族來稱呼當地的印第安原住民。

來到這裡，我和人生中的第一場熱浪邂逅，我瞎想或許當年的瓦拉瓦拉原住民其實是在喊「哇熱哇熱」，美國夏熱冬冷乾燥的大陸型氣候，讓北緯四十六度、比北海道還北的瓦拉瓦拉出現華氏一百零三度，也就是攝氏三十九點四四度的高溫，現今聽起來似乎見怪不怪，畢竟二〇二〇年七月二十四日，中央氣象局的台北觀測站出現了自一八九六年設站以來的最高溫紀錄三十九點七度。

然而，二、三十年前的世界並不是這樣的呀！雖然身處亞熱帶，四面環海的台灣有海洋水氣調節溫度，逼近四十度的駭人高溫歷年來大多是出現在焚風吹刮的台東，記憶中小時候的暑假，每每氣溫超過攝氏三十度，新聞報導就會不斷放送高溫特報，曾幾何時，我們不得不面臨五月初的台北街頭竟能出現三十七度的日子。

按著Mei和Tiffany用電子郵件通訊得到的地址，我們找到了Tiffany的住處，和她碰面，在那個年代和電影《電子情書》裡一樣，見面要靠email事先聯繫，如果臨時有事無法赴約，也沒法臨時通知對方，想想小時候和同學約好出去玩，也是同樣的狀況，這著實太不方便，感謝人類文明終於發展出能即時通訊的隨身設備。

Tiffany是個天真爽朗的美國女大生，褐髮、豐腴、皮膚白皙，臉上帶些雀斑，倒是她不到一百六十公分的身高，顛覆了我對美國人印象，個子比我嬌小，刻板印象中的洋人總是又高又大。Tiffany一邊唸書一邊打工，住在自己租賃的公寓，她的房間裡洋溢著一種香香甜甜的莓果味，我愛極了那種味道。

接下來的數日，Tiffany當地陪，陪我們兜轉了幾天。我不甚記得自己在高中以前是否吃過新鮮的藍莓，總之在這裡第一次去藍莓園，看見「活生生」長在樹上的藍莓，體驗自行採收藍莓與藍莓吃到飽。自此以後藍莓這種不用去蒂頭、不用削皮、不用吐籽、不用張大嘴巴啃咬、纖維不會卡牙縫的「不麻煩」水果，躍升並佔據我人生的喜愛水果排行榜第一名多年。

車上播放著歌手溫嵐的藍色雨專輯，那是我帶去的CD光碟，也是已經聽了一個多星期英文廣播，想要聽些中文的唯一選擇。雖然世界各地都有中國人，不過當時那個年代，離開中國城區域，基本上不容易遇見說中文的人，於是在車上也跟著聽了三天溫嵐專輯的Tiffany，好奇歌詞是什麼意思，表示想學唱「地獄天使」，我在筆記本上用羅馬拼音拼出中文歌詞的發音，再用英文翻譯解釋著歌詞的意思：你帶我上天堂，又推我下去⋯。說明到一半，我苦笑著，希望美國大學

---

3 日本動漫神奇寶貝寶可夢，其中主角皮卡丘，是一隻叫聲為皮卡皮卡、技能為放出高能電擊的黃色生物。

生不要誤會，歌詞裡描述的行為應該是個人行為，不代表台灣人。

往後有好幾年的歲月，我出國總會去超市尋找Tiffany房間那種莓果香味的室內芳香劑，購回台灣使用，那味道令我想起在美國的盛夏，以及這名算是我人生中第一位密切相處的外國友人。

旅行是生活的重開機鍵

2002-07-15（一）

Taipei 出國前一日

一整夜沒睡，我一邊打B[4]一邊反覆聽Landy[5]的新專輯，一邊打包行李，許多零零散散的小東西，打包半天的原因是不曉得西雅圖的天氣如何，衣服要怎麼帶，要帶哪幾件，有些想帶又還堆在洗衣籃裡，有些在別人眼中非必需品的東西，又猶豫到底要不要帶，更主要的是一邊打B的關係，人也懶懶散散的，搞到清晨了，還一直在聊天，明明還沒洗澡，還沒打包好，精神極度疲倦的狀態下，仍然死盯著螢幕，手瘋狂地在鍵盤上按，我想我是中了BBS的毒，一旦上癮戒不掉，越打卻慾望越大，竟然有強烈的念頭：我不想出國，我想留在學校，就這樣每天打B，懶到其他任何事都不想做。

“慾望擁擠在螢幕上，千萬訊息把心填滿”[6]，可是心卻像無底洞，越填徒增空虛，悲哀……不過，我倒不能凡事順慾而為，如果就把日子耗在電腦前一個月，以後一定會後悔……。

旅行日記手札裡的前幾頁如此記載著。

彼年，甫上大學，剛從大學聯考考生的禁錮中獲得釋放的自己，生活、學業的壓力，轉化成一種對網路通訊的成癮，說成癮聽起來嚇人，但是那種無意識地反覆登入BBS帳號，確認著怕漏接的水球訊息[7]，有興趣的板所有最新的文章都已閱讀過，無意義地一再瀏覽，等待著某個虛擬帳號上線傳訊的行為，無疑可以歸類成一種成癮。

此刻，每每看著街上、捷運上、餐廳裡、候診椅上的男男女女、老老少少，隨時隨地盯著智慧型手機螢幕畫面，會令我這個從小即開始接觸網路與BBS的過來人，回想起多年前近乎網路

4 打B，指上網使用BBS 電子布告欄系統，最初設計像布告欄一樣提供使用者查詢各種資訊，是現今流行的網路論壇前身。

5 Landy，溫嵐，台灣原住民泰雅族女歌手。

6 引用女歌手李玟，一九九八年一月發行的專輯Di Da Di暗示，歌曲「訊息」的其中兩句歌詞，正巧貼切闡述當時的情境：

忽然間心少了一半，愛情意念比光纖更快更強，在這瞬息萬變的時代，愛卻不能像流行輕易可換。

慾望擁擠在銀幕上，千萬訊息把心填滿，只有愛情模擬很難，要親自去觸摸，把真心奉上。

開心後慢慢慢慢變迷惘，思念後慢慢慢慢變堅強，微笑中慢慢慢慢有淚光，失落後慢慢慢慢去盼望。

把情話留在E-mail上，不用一秒就投入他的信箱，只是他是否仍在渴望，還是依舊留連其它網路上。

7 丟水球，指在BBS電子布告欄系統裡傳送訊息，接到訊息稱為中水球。

成癮的歲月。將近雙秩歲月的流轉，眼睜睜看見世界上大半的人類被拿在手心這迷人的電子產品所控制，拍照、查資料、翻譯、談情說愛、購物、消費、付費、甚至查詢就醫紀錄和抽血報告都行，便利到令人痴迷，不使人成癮也難。近幾年，某些重覆點閱檢視FB、IG、Twiter、wechat、Line各種軟體的時刻，仍會連結起當年感到空虛無比的十九歲春天。

當年的我，還稱不上是旅行狂熱者。**旅行這件事的本身並非我想做的第一首選，旅行，充其量是年輕氣盛的自己想要嘗鮮、探索未知、體驗刺激的一個快速道路**。多年後的我，才發覺嚐鮮與探索、解鎖各式各樣的人生成就，其實除了旅行以外，創業、跨界、學習新的技能、語言、運動、獲得新的知識等，也同樣能夠創造人生全新的體驗，讓人不禁樂在其中。

但是如今我卻能夠不假思索地說，我是狂熱的旅行咖，我熱愛旅行的本質，因為它讓我能親身去體驗世界，驗證那個「別人說的」某個世界角落是不是「我所想像的」這個樣子。

這對我極為重要，因為無論書上或是網路評價如何，那都是別人的經驗，經過他人感受後再傳遞出來的第二手訊息，只有自己去體驗，接收到的才是來自於這個世界傳達給自己的第一手客觀訊息，成為自己主觀的人生體驗。不管我自己親自去過後，得到的結論是「沒錯，那個老闆娘和之前那篇部落格文章寫的一樣親切」，還是「呃，我覺得這家民宿環境還不錯啊，根本不是網路上寫的那麼糟糕」，抑或「喂，網路那篇文章根本是業配吧，實際上沒什麼特別，收費又貴」，我都不會後悔，因為沒有去過，永遠不會有機會去印證答案是什麼。

旅行，是一種將生活強制重新開機的方法，或許對於自制力更強大的人而言，不需要使用如此激烈的手段，然而對我來說，卻是一種可行又極為有效的策略。無論在國內有多少鎖碎煩心的事情，一旦登機坐上座位，安全帶一扣上，機艙門一關閉的瞬間，腦內無時無刻有龐大繁雜的運算，瞬間重置。

二〇〇二年七月 美國西岸

二十年前的旅行非常仰賴紙本資料和紙本地圖，筆者也完整保留了二十年來旅途中收集的資料。

當時美國有些森林保育區有提供免費介紹生態的美麗畫報。

最愛拿各式各樣的折價券。

Frank（右二）對於當時還是自助旅行新手們的我們（左一大姊姊、左二Mei）非常照顧，攝於Mountain Rainer。

自駕公路旅行，在華盛頓州51號公路上留影，車款顯得復古。

當年還是屁孩的筆者，忍不住在人家位於西雅圖郊區的豪宅裡各處驚嘆地拍照。

於Walla Walla，與美國女大生Tiffany合影。

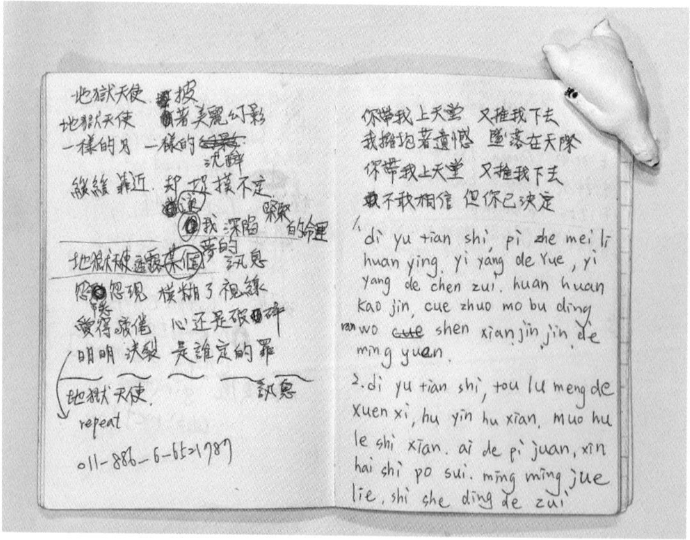

Tiffany對於我們一直在租的車子上播放的中文歌感興趣，表示想學如何唱，我將溫嵐唱的歌《地獄天使》歌詞用羅馬拼音標註，教她唱，二十年前世界上學中文做第二外語的風氣不像現今成為潮流。

聖海倫火山（Mt. Saint Helens）悼念於一九八〇年五月十八日因火山爆發而罹難的五十七位受難者，該次火山爆發能量估計約等於二戰時期投擲於日本廣島第一顆原子彈的一六〇〇倍，噴發柱沖至高達兩萬四千公尺的大氣層中，摧毀了二十四公里的鐵路、二九八公里的公路。

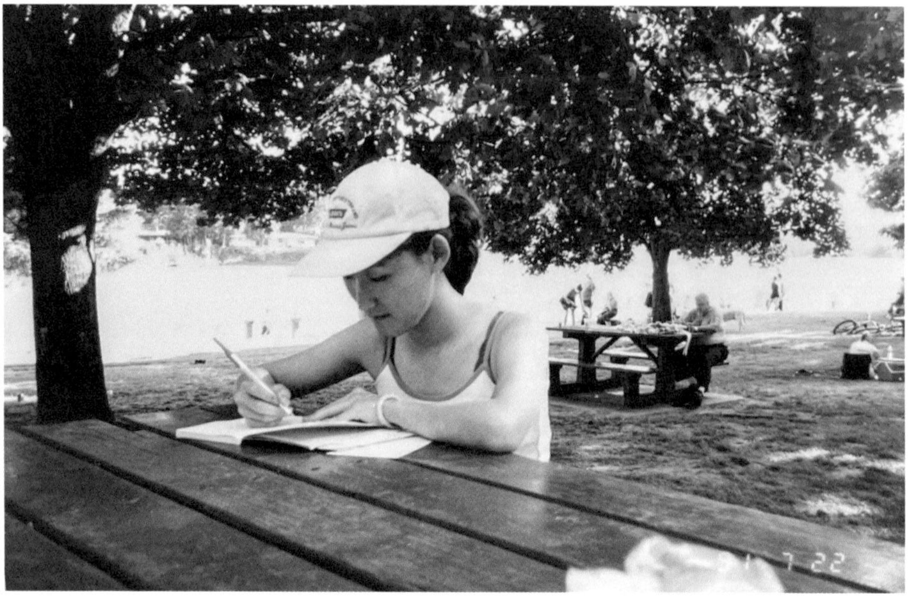

隨處都可以利用五分鐘、十分鐘寫日記和寫明信片。

在奧勒岡州的Newport海邊沙灘，雖然是八月天，氣溫攝氏二十二度，加以海風吹拂，體感溫度更低，穿著裡面刷毛的厚長袖T還是感到寒冷，背景的外國人卻能夠穿著泳裝在沙灘上曬太陽，當年我在日記上寫下：不知道外國人的皮是什麼做的？

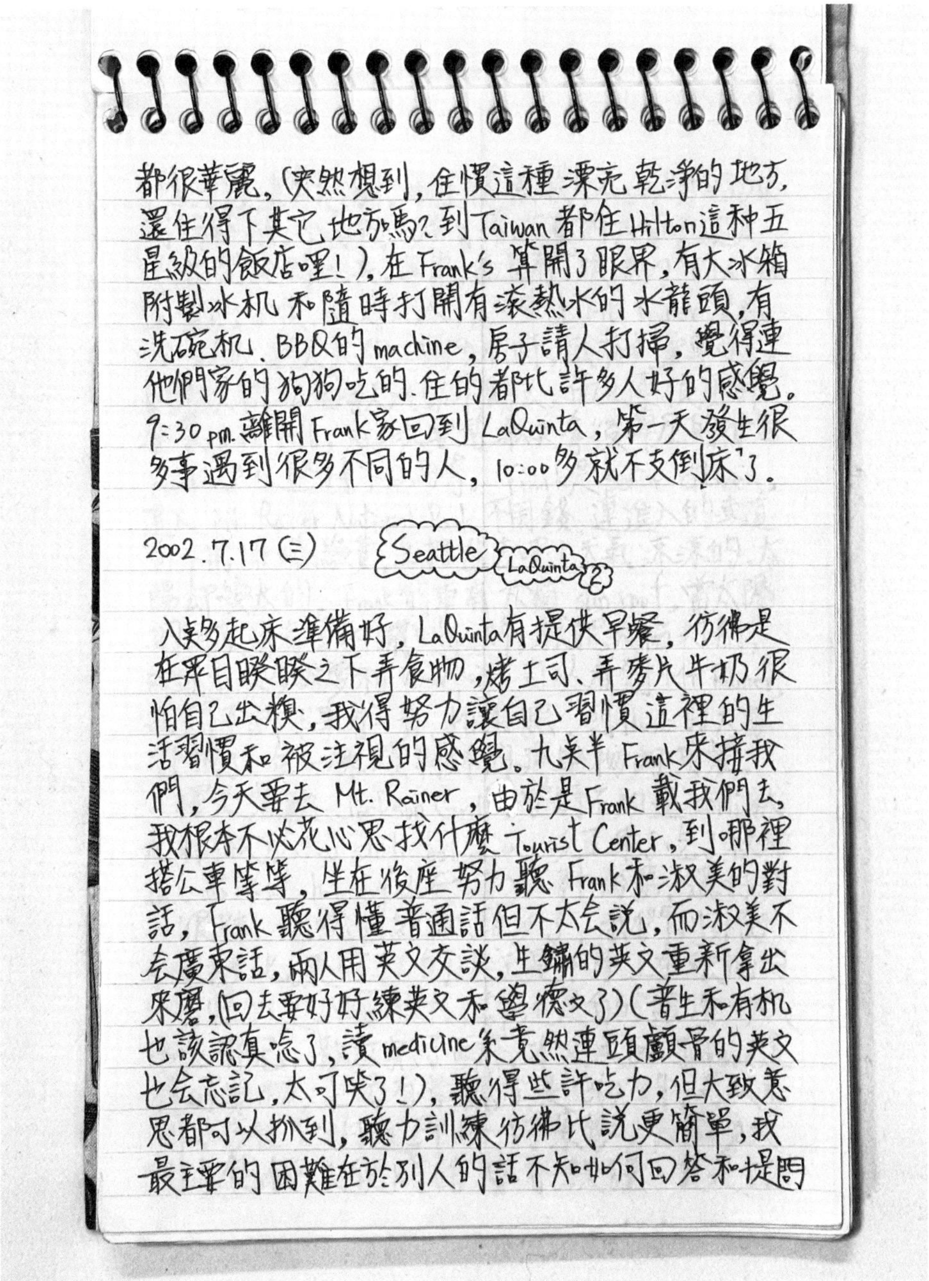

都很華麗。(突然想到，住慣這種漂亮乾淨的地方，
還住得下其它地方嗎？到Taiwan都住Hilton這种五
星級的飯店哩！)，在Frank's算開了眼界，有大冰箱
附製冰机和隨時打開有滾熱水的水龍頭，有
洗碗机、BBQ的machine，房子請人打掃，覺得連
他們家的狗狗吃的、住的都比許多人好的感覺。
9:30 pm.離開Frank家回到LaQuinta，第一天發生很
多事遇到很多不同的人，10:00多就不支倒床了。
2002.7.17(三)
LaQuinta 2
在眾目睽睽之下弄食物，烤土司、弄麥片牛奶很
怕自己出糗，我得努力讓自己習慣這裡的生
活習慣和被注視的感覺。九點半Frank來接我
們，今天要去Mt. Rainer，由於是Frank載我們去，
我根本不必花心思找什麼Tourist Center，到哪裡
搭公車等等，坐在後座努力聽Frank和淑美的對
話，Frank聽得懂普通話但不太会說，而淑美不
会廣東話，兩人用英文交談，生鏽的英文重新拿出

也該認真念了，讀medicine系竟然連頭顱骨的英文
也会忘記，太可笑了！)，聽得些許吃力，但大致意
思都可以抓到，聽力訓練彷彿比說更簡單，我
最主要的困難在於別人的話不知如何回答和提問

這趟旅行的日記，每天大約手寫像這樣約五到六頁的詳實紀錄，不免感到自己真是紀錄狂（笑）。

03

二〇〇三年七月

德國、捷克、奧地利

第一次非英語系國家自助旅行

「學生時代自助旅行，我們的優先選擇，永遠是費用較低的那一個選項，沒有之二。」

Germany, Czech Republic, Austria

德國、奧地利、捷克

2003. 7/15 ~ 8/19

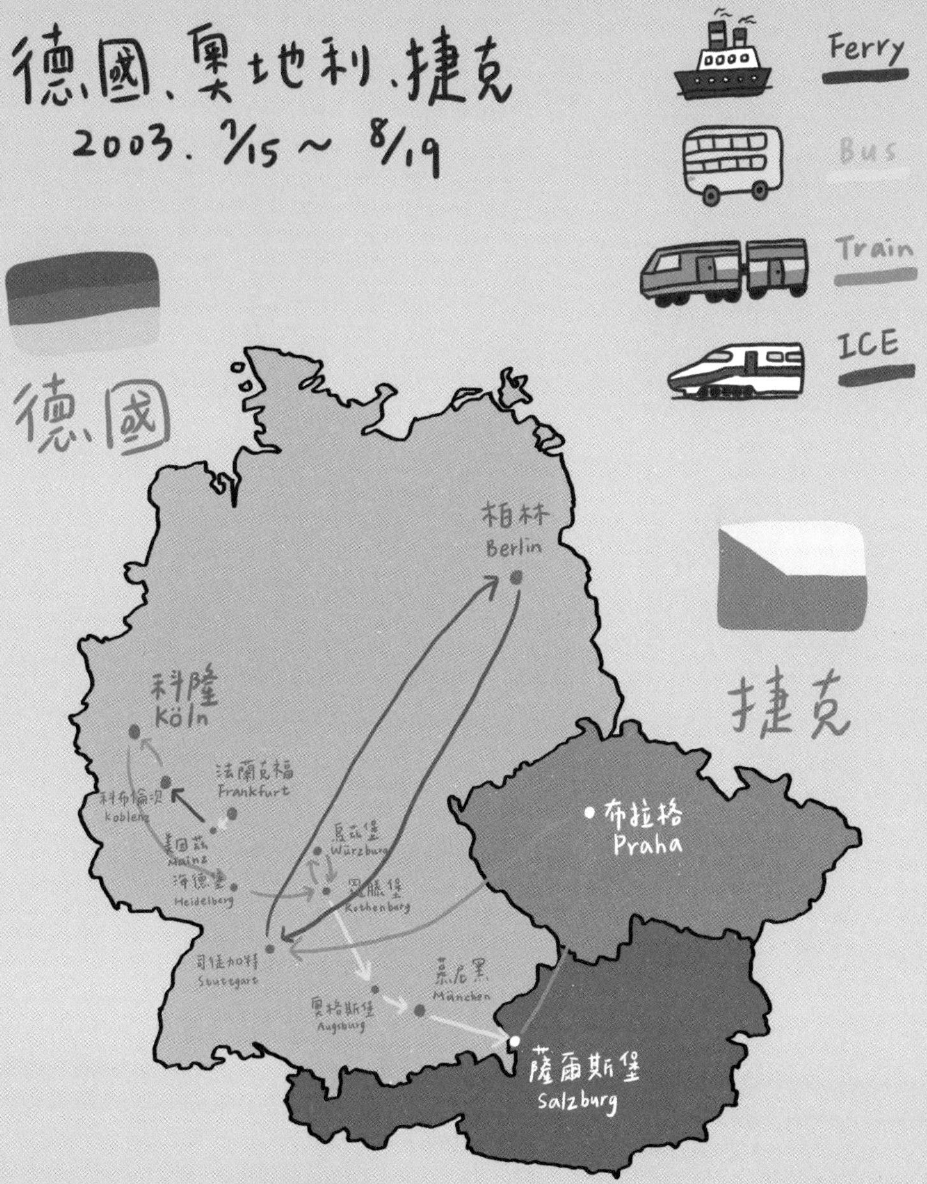

Ferry
Bus
Train
ICE
德國
捷克
奧地利
柏林
Berlin
科隆
Köln
法蘭克福
Frankfurt
科布倫次
Koblenz
美因茲
Mainz
海德堡
Heidelberg
烏茲堡
Würzburg
羅騰堡
Rothenburg
司徒加特
Stuttgart
奧格斯堡
Augsburg
慕尼黑
München
布拉格
Praha
薩爾斯堡
Salzburg

＃初生之犢不畏虎

在新冠肺炎肆虐全球的此刻，提起二〇〇三年，大家都能直覺反應地想起這正是SARS的那一年。盛夏的暑假，SARS疫情尚未落幕，掙扎猶豫了一番，不知當年是學生時期的貧窮使然，還是年少氣盛的大膽無知，總之還是選擇了不到半價、經由香港轉機的航班前往歐洲自助旅行。

新冠肺炎病毒肆虐的今日，回頭去審視當年的SARS病毒，它本身過於兇猛，兇猛到還來不及廣泛傳播感染下一個宿主，很快就讓自己的宿主死亡，於是病毒自身也跟著滅絕。相較之下，COVID病毒狡黠許多，善於利用各種無特異性的症狀掩飾，發燒、咳嗽、流鼻水、腹瀉這些就像一般普通感冒、腸胃炎，乃至於吃東西沒味道這種簡直不像症狀的症狀，甚至根本不發燒，既兇猛死亡率高卻又不至於兇猛到和宿主同歸於盡，竭盡所能地傳播、感染、變種，遍及到地球上的每一大洲。如果COVID是善於偽裝的智慧型殺手，SARS大概就是頭腦簡單、四肢發達的蠻力型殺手。

當年究竟不知從何而來的勇氣，已不可考，或許是不瞭解這些感染症的可怕，或者反向思考，基於感染SARS會以發燒做警報鈴，因此相信香港作為中國內地以外的第一大疫區，管控應該更嚴格，而認為香港轉機反而應該比其他機場更安全，選擇香港轉機。事後諸葛，總之運氣很好，最後也沒有穿什麼全身防護衣、沒有戴N95口罩、沒有隨處乾洗手，順利從香港轉機，沒有染疫[1]。

這次旅行的成員是大姊姊、我的四位大學同學和我，其中馨葆是旅程中途直接在德國與我們會合。從台灣出發的一夥五個人，從出門到抵達德國第一間青年旅館，簡直就是一場試誤學習的大冒險。

首先，在香港轉機，一夥人裡頭，算上這回第三次自助旅行的我，竟稱得上是最有經驗的人了，不過第一次前往紐西蘭在曼谷轉機待了一夜，第二次前往美國西雅圖是台北直航，像這樣中間停三個小時緊接下一個班機前往目的地倒是頭一遭。我們抵達剛啓用不久的赤臘角機場，下飛機走出空橋，整個機場建築呈現魚骨放射狀，佔地廣闊，當時覺得香港機場又新又大，簡直可以在裡頭奔馳。

在抵達的閘門附近找到航班資訊的電子看板，確認下一段航班的登機閘門就在旁邊，因為我們手上已經持有從台北出發時一併開出的下段登機證，於是打算就待在這裡休息，等著下一段航班的登機。

隨著登機時間的接近，我們才注意到不對勁，為什麼都沒有其他搭機旅客陸續出現？趕緊找

1 台灣人大抵是那一年開始，興盛起除了在醫療院所以外的公共場合也戴口罩的風氣。記憶中，我從那趟旅行養成習慣會帶幾個備用的口罩出國，倒不是為了防疫什麼的，而是之前飛往美國的長途班機經驗，機上空氣極度乾燥，很容易鼻粘膜乾到非常不舒服，甚至流鼻血。藉由戴口罩保持鼻粘膜濕度，乾燥狀況更嚴重的話，直接在鼻粘膜塗抹凡士林或油性的四環黴素藥膏，解決這困擾。

路過的機場工作人員詢問，此時才赫然發現，登機閘門雖然是在這個位置沒錯，但是必須先前往機場中心位置通過轉機安檢，才能從上一樓層再走回這個閘門登機櫃台的位置[2]。這時候已經逼近準備開始登機的時間，得知了這個令人晴天霹靂的消息，所有人趕緊扛起各自的行李，開始狂奔，啊，又新又大的香港機場，簡直可以在裡頭奔馳…命運之神，拜託您，可以不用真的給我機會在裡頭奔馳！（泣）

所幸湊巧不是身為籃球隊就是網球隊隊員的我們，拜平日訓練有素，用盡洪荒之力衝刺到安檢，全速衝刺到登機口，最後在final的final call順利趕上班機，萬一搭不上前往德國的班機滯留SARS疫情重地香港，後果可能會比一開始從台灣就出不了門更悲慘。

旅行最高指導原則：省錢至上

第一次來到非英語為母語的國家自助旅行，出發前多了一份隱約的緊張感，大一的時候學了一年極為粗淺的基礎德文，頂多看到單字唸得出來，但多數不知道意思，姑且能問得出「廁所在哪裡」、「多少錢」這種求生句的程度，稍有聊勝於無的幫助。

或許正是仗恃著這粗淺的德文，第一次到非英語系國家的旅行選擇了德國、奧地利，至於捷克，既不講英文，也不講德文，官方語言是捷克語，純粹就是抱著「機票錢很貴、難得去一趟歐洲這麼遠」的心態，順便去一下，這是與多年後的我，旅行心態最大的差異之一。

2003-08-09（六）
奧地利 薩爾斯堡 Salzburg→捷克 布拉格 Prague

到捷克的火車比起Deutschland（德國）的差很多、舊很多，尤其是剎車時，刺耳尖銳的聲音很大聲，窗户也很怪，拉下來會自己彈回去。當進入捷克，有人來檢查ID和車票，火車站出現毛毛蟲文字，進入完全聽不懂的世界，捷克人的英文一直打舌，也很難聽懂=.="。

學生時代自助旅行，我們的優先選擇，永遠是費用較低的那一個選項，沒有之二。例如從機場到市區，如果有花費台幣一千元、四十分鐘的機場捷運，花費六百元、七十分鐘的快捷巴士，和花費四百塊、一百分鐘的普通公車，當時的我們會選擇搭乘公車，畢竟多花六十分鐘，可以省下六百塊錢，對於學生來說，時薪六百塊錢的打工並不是很容易找，況且那還是個宿舍早餐店一份黑糖饅頭夾肉鬆蛋只要十五元的年代。

經過十二個小時的飛行，抵達德國法蘭克福國際機場，我們第一晚的目的地是另外一個城市緬因茲（Mainz）。從機場搭火車，為了買車票，幾個人在月

2 爾後多年的旅行經驗，發現確實有些國家的機場設計，轉機是不需要再過一次安檢，會從同一個抵達閘門、候機再重新登機，不過當年確實不曉得必須要先進海關、過安檢、才能重新登機。然而經過新冠疫情的洗禮之後，即便世界上多數國家防疫動線已經鬆綁，幾乎轉機需要重新過一次安檢。

台旁的自動售票機前研究了半晌，附近沒有看見有售票員的窗口，售票機裡頭光語言的選項就繽紛得不得了。德文、英文、法文、荷蘭文、波蘭文、捷克文、有一些當時辨識不太出來，選了英文，票種的選項有單人單程票、來回票、一日通行票、團體票、優惠票各式各樣可以點選，看得眼花撩亂。秉持著省錢至上的中心思想，我們一個一個分別點選出單程、來回票、學生票、團體票的價格來比價，不知道德國政府是基於什麼概念，設計出其中適用二～五人的團體票，湊巧我們剛好五個人，購買團體票使用大眾交通工具移動，交通花費大概是購買個人學生票的三分之一而已，極為划算。

上車時，我們左右觀察其他的乘客，發現既沒有剪票員，也沒有驗票的閘口，對於台灣生長大的我們，第一次體驗到「原來世界上真的有這麼考驗人性和公德心的大眾交通系統」。不過，進了車廂坐了幾站，一直到列車長來查票，才發現原來我們買的團體優惠票不適用一等車廂，難怪整車廂只聽見我們的交談聲，其他乘客大概是商務客人居多，都靜悄悄的，我們趕緊離開去隔壁車廂。

從機場前往市區住宿點，背著將近二十公斤的大背包，轉搭公車，結果不小心過站來不及下車，原本以為往反方向的公車搭回去即可，未料遇上遊行改路線。公車上好心會講英文的乘客幫忙和司機溝通，讓我們在離青年旅館最近的一站下車，從抵達火車站到踏進青年旅館大門，一晃眼就這麼繞了兩個小時的路，儼然變成都市叢林健行的行程。接下來的一個多月，每一回合離開和入住住宿點的移動日，**都是類似像這樣的行程，與其說是旅行，倒不如說是都市定向和負重訓**

練的綜合操練。

比起在紐西蘭的經驗，這一回，自助旅行省錢的能力進化了，除了固定每次入住青年旅館，首先詢問櫃檯附近最便宜的超市地點，再來是租腳踏車，有了腳踏車移動範圍和效率大增，也省下許多昂貴的歐洲大眾運輸交通費用。

一旦入住青年旅館，先研究是否有廚房冰箱可以使用，再來決定採購哪些可以處理的食材。有廚房就能煎牛排、羊排，如果是入住到沒有廚房可以使用的青年旅館，我們則使用鋼杯和電湯匙來煮晚餐，舉凡蕃茄蛋湯、蘑菇義大利麵、蘑菇玉米馬鈴薯濃湯、德國香腸紅醬義大利麵、鮮蔬海鮮麵等等。總之靠著兩支電湯匙和眾人的鋼杯，分別煮麵、煮料、煮菜、煮湯，再組合起來，當時曾經開玩笑表示回國後應該出個電湯匙料理食譜。

省錢的極致是，有時出門會自行先做好午餐的野餐盒，有時甚至早上出門去景點蹓躂，中午會回到青年旅館自己煮午餐來吃，下午再繼續騎腳踏車出門，現在都不禁佩服起當年自己和同伴們的不辭辛勞了。

2003-07-27（日）德國羅騰堡 Rothenburg ob der Tauber

神奇又隨性的民宿Becker老闆，告訴我們九點到十點半早餐，我們睡得晚晚的。吃早餐，難得脫離YH的早餐，不過其實差不多，但是有好吃的榛果醬和烤吐司。和馨葆分開行動，其他五人搭火車到Würzburg，火車站前有怪怪的人群，正當我們打算在火車站前的草坪上野餐時，下起了小雨，只好作罷。往廣場前移動，因為Sunday，街上店家關的關，Dom前的廣場沒什麼人，下雨天氣變得好涼，大家陸陸續續吃起儲糧，盤算下午的行程，雨下了起來，大家打牌等雨停，打算雨停再上伍茲堡的城堡。當我拿出野餐墊一把攤開鋪在地上的時候，旁邊的外國老伯用吃驚的眼神看我們。

＃隨遇而安

年輕時旅行極為隨性，每天決定了一個目的地，只管往那個方向前進，不管需要花多少時間繞多少路抵達，肚子餓了就隨地野餐起來，下起雨來了，一夥人就著廣場路邊有雨遮的地方，席地打牌打發時間，悠哉地等雨停。雨停了，野餐墊和撲克牌收一收，大夥起身屁股拍拍，往伍茲堡城堡走去。

歐洲的雨輕輕柔柔不像台灣洩洪般的午後雷陣雨，會讓人全身溼透狼狽，下雨時幾乎沒有看到外國人撐傘，他們總是瀟灑地把帽T或是大衣的帽子蓋上，就這樣走在雨中，而且雨好似下個意思意思而已，總是下個幾分鐘不到半個小時就停。

在布拉格的某個午後，我們在查理斯橋偶遇一場雨，猶記當時眾人紛紛走避橋下躲雨，只見一對年輕的情侶在被這場雨清場的橋上擁吻，絲毫不在意落在身上的雨珠和眾人的注目眼光。那一幕，當下令我想起了自己當時熱戀卻不能在身邊的初戀情人，而至今那對「雨」宙中只有彼此的情侶是否終成眷屬，我就不得而知了，然而那幕卻仍深刻烙印在我腦海裡，多年後已悟出永遠的人生旅伴難尋，倘若您有幸遇上，真心恭喜。

旅途中，最有記憶的地點，其一是正在整修中的新天鵝堡，不知多少旅人被它的空拍之美吸引而來，到了現場發現它正巧在整修。於是我們遠迢迢而來參觀了一個被防塵塑膠布遮蓋的傳說城堡，在德國最受歡迎的人生必訪景點名單上打勾。儘管如此，我仍感謝十九世紀那個任性的國王，在阿爾卑斯山脈的某個山頭，留下這麼精工雕琢的歌德式建築。

其二，是海德堡大學的學生監獄，稱作監獄，確實過於聳動，這是作為懲罰違反校規的學生所使用的禁閉室。一七一二年使用到一九一四年，學生白天還是可以正常上課，下課後的時間必須禁足於此。依照所違反規定的嚴重度，關兩週到四週不等，禁閉室的所有牆面不論是天花板還是窗框，都被當時監禁的學生塗鴉得不留一絲空白，甚至把之前塗鴉覆蓋上去，蓋了又塗、塗了又蓋。

生活於二十一世紀的我們，對比著時有所聞的恐龍家長和惡質學生的新聞，著實難以想像過去的校方竟有如此威權能夠限制個人自由。然而對照今日校園的風氣，規範學生行為該從嚴抑從寬，孰是孰非，看著牆上學生字跡留下的姓名、被關日期，時間一直不斷往前推進，兩百多年過去了，而教育方式真的又前進了多少呢？這個哲學問題本身反倒成了另一種「思考的禁閉室」。

關於自由，再想想新冠疫情的出現，一夕之間，說封城便封城，說鎖國便鎖國，國家人民歸不得，要出國也出不去。即便至今二〇二二年，仍有國家說下令封城就地過節，便直接封閉道路。自由，各種自由，身為人、身為女性、身為同志、身為少數民族、身為藍領階級、身為有色人種、身為某些疾病患者的各種自由，人類經歷了悠長歲月爭取來的自由，輕易地在一夕之間平等地被剝奪身為人的基本自由。

其三，是慕尼黑的奧林匹克公園，其中的溜冰場讓我對過往的印象改觀，雖然之前在台灣也曾溜過幾次冰刀，畢竟台灣冰宮規模和奧運比賽用場地完全不同等級。當年入門票只需要三歐元，平整無比又能直線衝刺很久都不用轉彎的寬闊冰面，溜起來相當舒適，來使用場地的人不多，除了我們之外，幾乎都是老先生、老太太。觀察了一下，他們隨意就作出旋轉、單腳倒退溜的高難度動作，看起來輕鬆優雅，我暗自忖度這些人說不定曾經是奧運選手，更添加了能夠一同在這個奧運冰場溜冰的神聖感。

待在慕尼黑時，連續幾天去溜冰，熱心的老先生、老太太開始教我如何剎車、退後、葫蘆步，儘管身上的瘀青越來越多，但每次都很期待能再去溜冰。現在回想能有機會讓可能是前奧運選手當自己的溜冰教練，這輩子可遇不可求矣。

還有那人滿為患的布拉格查理大橋，橋上兩側是形形色色的賣藝人，偽裝成人偶或雕像的街頭藝人，投錢才會動起來，也有替觀光客速寫的畫家，販售皮製、金屬手工藝品的藝術家，好不熱鬧。我們在橋上看畫家替遊客畫人物速寫，付錢被畫的人被許多觀光客圍觀，用各國不同的語言品頭論足，不知是嘻笑、批評抑或稱讚，時空中充斥著詭異的氛圍，大姊姊和我猶豫著是否要為了一張紀念人物畫像，接受這般議論。

這條跨越伏爾塔瓦河、短短五百一十六公尺的大橋，我和大姊姊每日邊逛邊拍照，到了肚子餓的時間，折返覓食，再回來橋上繼續逛，往前進幾十公尺赫然發現又到了黃昏時分，我們花上了兩天才終於跨過橋逛到對岸。

儘管這些是令我印象最深的景點，然而對我而言，這趟旅行記憶的核心，皆不是這些景點本身，而是在海德堡城堡旁的樹蔭下、在奧地利薩爾斯堡的薩爾察赫河岸草地上，每個、每個鋪著野餐墊、優哉游哉野餐著的午後片刻。

將近一週每天騎著腳踏車，上午逛遍電影真善美裡出現的各個場景，米拉貝爾宮、雷翁波德斯克恩宮、儂柏格修道院、蒙特湖教堂等處，中午去超市採買一番，下午來到薩爾察赫河岸邊野餐，鋪著野餐墊，躺在河岸草地上，餵餵河邊的天鵝、浪犬，對著天空或唱歌或發呆，吃飽喝足，就放任自己意識喪失，進入夢鄉。往後的人生，的確證實了能夠擁有像這樣悠閒午覺的日子，奢侈不已。

#時代感

旅行手札裡，三天兩頭記載著去尋找照相館，要把記憶卡裡的照片燒成光碟、買新的記憶卡、尋找網咖上網，需要適應當地各種鍵盤，包括德文鍵盤、捷克語鍵盤，光要切換成英文打字和符號，使用起來痛苦萬分，更無法打中文字，若是要從國外回覆中文信件，根本無法雲端處理，如今提起這些，覺得簡直是原始人年代的歷史經驗了。

這趟旅行，在搭上返台班機前倒數一天，因為能夠無限搭乘的歐洲交通券，還多了一天的額度沒有使用，大姊姊和我想要把交通券極大化使用，兩人搭乘了昂貴的德國高鐵ICE，十六小時來回了相距一千公里的法蘭克福和柏林，進行了柏林一日遊，以省錢至上的原則，貫徹這趟旅程，在當年SARS肆虐的那個夏天，任性地結束這趟德捷奧之旅。

而當年同行的夥伴們，現今分別成為了資歷豐富的感染科醫師、眼科醫師、放射腫瘤科醫師、緩和安寧家醫科醫師，和我自己本身急診科醫師。在新冠疫情的洪流之中，分別在各自的領域中負重前行，背在肩上的，從當年身為學生背包客所揹的登山背包，早已變成無形卻更沈重的行囊，但這阻止不了我想繼續往前走、繼續去探索這個世界的步伐。（笑）

初抵德國的緬因茲（Mainz），同行夥伴由左至右為官燁、珂如、嘉儁（前）、大姊姊。

前往伍茲堡（Würzburg）準備參觀城堡，不期然地飄起小雨，大夥在火車站旁的商店廣場前，隨興地鋪起野餐墊，一面玩撲克牌一面等待陣雨停歇。

科隆大教堂。

背包移動尋找公車站牌。

海德堡著名的學生監獄，牆上布滿當時被限制活動的學生手繪塗鴉。

海德堡郊區，南巴伐利亞景色。

每天都很早起床，背著背包四處走走看看，參觀海德堡城堡，累了便在草坪上集體席地午睡（笑）。

交通移動時，大家各自打發時間。右為後來直接從德國與我們會合的馨葆。

珂如用美少女式放空來打發交通移動的時間。

奧地利薩爾斯堡的夕陽黃昏，這裡是電影《真善美》取景的拍攝地。

薩爾斯堡的薩爾察赫河河畔野餐。

在薩爾斯堡不是在參觀景點、野餐、睡午覺，便是在寫日記和明信片，長大之後發現，原來累了就能打個小盹的人生時光，如此難能可貴。

布拉格查理斯大橋上的似顏繪畫家，大姊姊和我合畫了一張，畫家相當厲害地畫出了我高中時尚未接受正顎手術前的樣貌（笑）。

利用剩下多餘一天的歐洲交通券，搭乘德國高鐵ICE一日往返柏林和法蘭克福，在柏林逛市集。

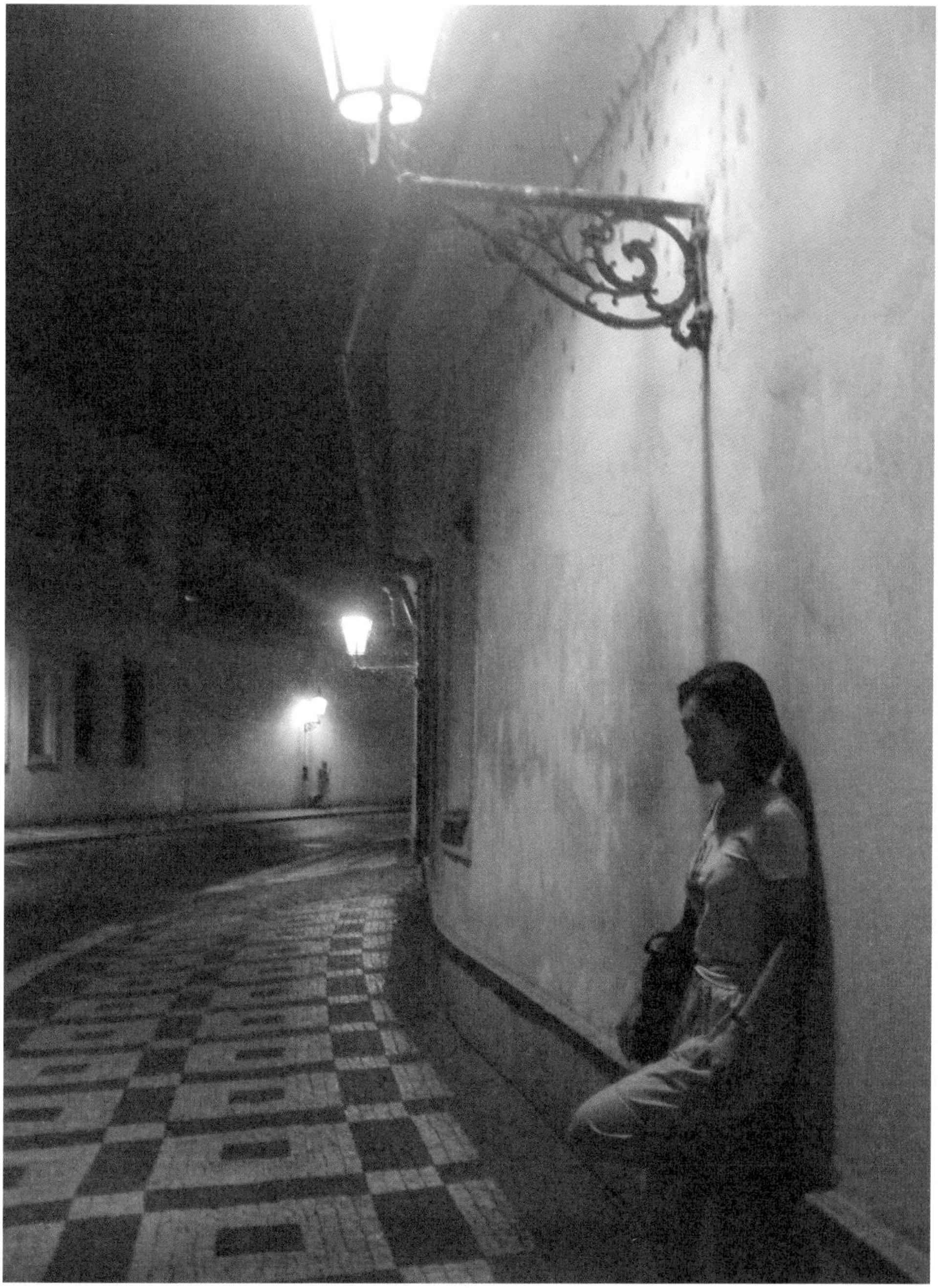

詩情畫意的布拉格，隨處可以拍出時代感。

04

二〇〇六年六月
波蘭

第一次與網路徵得的旅伴自助旅行

「這名陌生人竟也放心地
把她的護照寄給素未謀面的網友我，
讓我一起去辦理波蘭簽證，
後來我與這名未來旅程中的室友第一次見面，
是在機場航空公司的報到櫃台前。」

Poland

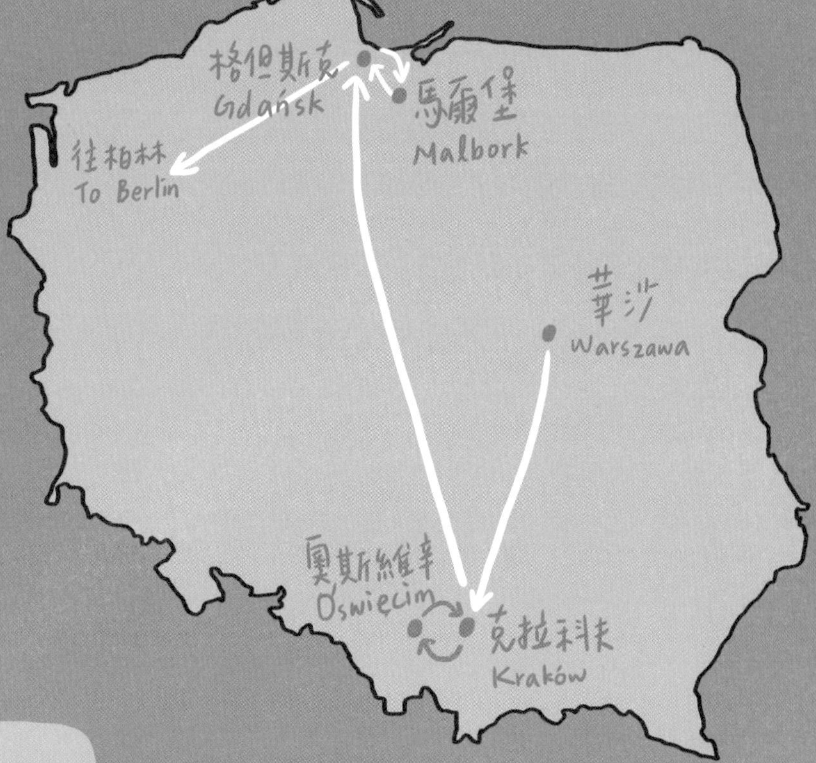

波蘭

2006.6/20～7/2

來自網路的旅伴

2006-06-21（三）華沙 Day1

從法蘭克福換小飛機LH3302到Poland，空少高挑又帥，一下飛機地面30° C，熱～和想像中完全不一樣，懷疑我的Gore-tex外套是否會白帶一場，希望不要啊！換搭德航漢薩航空小飛機的時候，除了發現我們是機上唯二的東方人，也發現自己原來是哈比族人　去旁邊的information詢問，連i[1]都說著腔很重的英文了，我聽不太懂，勉強溝通。

大五升大六的暑假，是醫學生的最後一個暑假，因為大六升大七的七月，將會直接進入醫院實習，我打算把這個最後的暑假利用得淋漓盡致，六月末先去波蘭，七月預計在柏林歌德學院進修為期一個月的德語課程，八月去義大利自駕三個禮拜，轉機曼谷順便停留幾天，開學前回國。波蘭這趟旅行，就是利用學期結束剩餘十來天的六月，期末考一結束隔天就飛。

不知道為何，或許當年波蘭對於台灣人而言是個相當冷門的旅遊地，身邊竟然找不到想要同時能夠一同前往的旅伴，我在PTT自助旅遊板上發文徵求同行旅伴，找到Joy遠在花蓮的英文老師，在那個沒有臉書、IG、Line、Twitter、微信、抖音的年代，每個PTT使用者皆是化身為僅有文字符號的虛擬帳號，我們透過MSN messenger[2]交換照片和聊天討論，決定波蘭的行程，而這名陌生人竟也放心地把她的護照寄給素未謀面的網友我，讓我一起去辦理波蘭簽證，後來我與這名未來旅程中的室友第一次見面，是在機場航空公司的報到櫃台前。我已然想不起我們是如何相認的了，只確定我當時並沒有咬著紅玫瑰等她。

和Joy見面之後，鬆了一口氣，Joy本人如同MSN上聊天的感覺一樣，儘管我是個從國中畢業開始就有見網友經驗的南部鄉下孩子，還記得人生中第一個見面的網友是來自天龍國的成功高中，即便已經有多年的見網友經驗，畢竟第一次要和網友同行出國，並且是前往非英語系國家，要在接下來的十數天內形影不離，仍不免有些許緊張。

人生幾何，能夠在茫茫虛擬世界中覓得一位個性開朗、好相處又一樣獨立的旅伴，不得不感恩，自己何其幸運。

1 指的是information，國外許多遊客資訊中心的招牌都是用英文字母i來表示。

2 MSN messenger，微軟公司開發一九九九年發行的線上即時通訊軟體，改變時空限制的人際傳播，只要雙方或多方同時在網路上便能通訊、共享資料夾，二〇〇九年臉書facebook等網路社交平台、二〇一一年Line等即時通訊軟體平台的出現，使MSN messenger使用者人數大幅減少，於台灣二〇一三年四月停止服務。

#前往兩度從世界地圖上消失的國度旅行

話說回來，當年決定去波蘭，最起初豪氣干雲地打算從土耳其伊斯坦堡出發，沿途北上穿越東南歐保加利亞、羅馬尼亞、匈牙利、斯洛伐克進入波蘭，後續接著進入西歐去德國柏林上課的行程。我最愛這種穿越洲際的大旅行，適合幻想自己宛如古時周遊列國的旅行家，可惜後來至今也只完成了一趟從斯勘地納維亞半島的北歐挪威、芬蘭北極圈內，獨自一人穿越進入俄羅斯極圈，再和友人在莫斯科會合搭乘西伯利亞鐵路往東行，從挪威奧斯陸出發、結束在俄羅斯伊爾庫茲克長達一萬公里的跨越歐亞極地旅行。

現實敲醒了我的幻想，一是時間不夠，單純穿越收集國家數這般走馬看花的旅行，非我所愛，二則光是要辦理上列途經國家的簽證，所費不貲，況且相關手續繁雜，直接打退堂鼓，最後亞歐壯遊縮減成直接從德國旁邊的波蘭，旅程結束方便就近前往柏林接續後來的行程。未料，著手準備安排行程時，仔細查資料，才意外發現這個國家豐富[3]卻也血淚交織的歷史。

比起當今把持世界話語權的美國，從獨立算起美國歷史至多兩百餘年，而波蘭從十世紀建國算起已有千年的歷史，十一到十五世紀「竟然」是歐洲面積最大的國家，我感到抱歉必須使用「竟然」一詞，從小歷史就不是我的強項，孤陋寡聞的我一直到當年查找資料時，才赫然發現波蘭在過去歷史上曾經如此強盛了數百年之久。

十六世紀國勢發展至極盛，十八世紀末遭周圍的俄羅斯、普魯士（後來的德國）、奧地利三度簽署協議瓜分，這個數百年前曾是歐洲最強盛的國家，從世界地圖上消失了長達一百二十三年之久，第一次世界大戰時復國，二戰時又遭蘇聯與德國瓜分，直至二戰結束後，波蘭人民共和國誕生，一九八九年再次改革為現今的波蘭第三共和國。

這短短幾行簡略陳述波蘭的歷史，看似輕描淡寫，其實每一段歷史都是經過多少次抗爭、起義、戰爭與人民性命堆砌而成。倘若把自己想像成身處那個時代洪流底下的波蘭人，大概就好比一夕之間台灣被分割成兩半，北部被日本統治，台灣南部被大陸統治，台灣從世界地圖上消失，這塊土地上再也沒有台灣人，住北部的人變成要接受日語教育，住南部的人要使用簡體中文，原本生活在同一塊土地上的親戚朋友，必須面臨到硬生生被切割進入全然不同的體制與生活。

3 聯合國教育科學暨文化組織的世界文化遺產列表，位於波蘭的有克拉科夫歷史中心（一九七八年）、維利奇卡鹽礦（一九七八年）、奧茲維辛集中營（一九七九年）、別洛韋日/比亞沃韋扎森林（一九七九年、一九九二年）、華沙歷史中心（一九八〇年）、扎莫希奇舊城區（一九九二年）、馬爾堡條頓騎士團城堡（一九九七年）、托倫中世紀小鎮（一九九七年）、卡爾瓦利亞-澤布日多夫斯卡：風格主義建築、公園景觀群、朝聖公園（一九九九年）、亞沃爾和希維德尼察和平教堂（二〇〇一年）、小波蘭南部木製教堂（二〇〇三年）、穆斯考爾公園（二〇〇四年）、弗羅茨瓦夫百年廳（二〇〇六年）、喀爾巴阡地區木質教堂（二〇一三年）、塔諾夫斯基山的鉛礦、銀礦和鋅礦（二〇一七年）、科舍米翁奇史前條紋燧石礦區（二〇一九年）。資料來源：世界文化遺產網站。

仔細想像，從世界地圖上消失了百年這件事，對人民而言極其可怕，但波蘭最終能夠復國獨立，更重要的是百年過去了仍然保存下自己的語言和文化，衷心覺得了不起，這段歷史的存在，本質上沈默地陳述著波蘭民族的堅毅。在安排準備行程的期間，越查資料越發對波蘭這趟旅行感到期待。

我在華沙最著名的景點城堡廣場上，一邊吃著Lody（波蘭語的冰淇淋），一邊翻閱著稍早前在周邊熱鬧的紀念品店裡，所購買的德文華沙介紹書和英文的今昔對照書，一面端倪著矗立眼前的齊格蒙特三世國王（Sigismund III）紀念柱，一面對照著書上立柱傾倒在一片廢墟中的黑白照片。華沙百分之九十的建築物，在二戰被德國攻佔時摧毀，許多珍貴的文物和圖書亦被燒毀，包括眼前這紀念十六世紀波蘭黃金時代齊格蒙特三世國王的立柱，這是人類現代文明歷史上最早的立柱，現今遊客所見的青銅雕像，是二戰後經過修復後新立柱的樣貌，原始立柱的殘骸則遺留在皇家城堡裡展示。

這一個空間之中，幾十年前曾經踩踏過廣場上同一塊地板的，可能是竄逃於槍林彈雨之中的百姓，此刻我悠哉地站在這吃著冰淇淋，看看廣場周圍不少被小花牆圍繞的咖啡雅座，打扮時髦的各國觀光客，熙熙攘攘、來來往往，當時沒特別能用什麼語言文字來描述，誰知十年後，中國自媒體作家蘇心二〇一六年筆下的「歲月靜好，不過是有人替你負重前行。」倒能簡潔貼切地闡述當時的感慨。

#奧茲維辛集中營

我決定前往克拉克夫西南郊區五十公里的奧茲維辛，理由之一，它是聯合國文教組織所列的世界文化遺產之一，年輕時對這類有名份的景點，有著莫名的收集狂熱。

理由之二，這是世界上規模最大的集中迫害營，接下來的旅程裡，也會去柏林，正巧有機會可以同一趟旅行中，同時走訪這段黑歷史裡的被害者與加害者的遺跡，**儘管現今所能窺探的歷史，全是後來的人所想呈現的樣貌，但是從不同角度去探視，或許能得出更貼近真相的歷史**，這點頗類似醫療臨床上判讀電腦斷層影像，單就軸向橫切面去檢視，有時不容易判斷，加上冠狀切面和矢狀切面去判讀，才能重組出更接近真實結構的立體影像。

理由之三，是奧茲維辛集中營是二〇〇三年一部紅極一時的日劇《白色巨塔》，劇中男主角財前五郎，一名叱吒風雲、一路鬥爭步上巨塔頂端的外科醫師，於第十一話影集裡，他前往集中營參觀，六分鐘的畫面與介紹，劇中提及當年集中營亦進行以人體實驗為名的屠殺，劊子手是醫生身分的人，令當時仍是醫學生的我印象深刻，種了想親自來看一看的芽。這理由一說出口，立顯出我毫無遮掩的資深時代感，無妨，這本書原來便是一部描繪千禧年後的旅遊紀史。

六月末，波蘭的天氣炙熱到超乎我的想像，從前對歐洲的印象多來自涼爽的阿爾卑斯山，沒想到氣溫會超過攝氏三十度，晚上住宿在克拉克夫男女混住的青年旅館宿舍床位，半夜又驚（又喜）又嚇地發現，對面床上外國年輕男生僅穿一件黑色的內褲不蓋被子睡覺，對他們來說，這氣溫已屬熱帶氣候。

隔天一早，我們和在青年旅館認識的香港人在車站前相遇，一同遇見招攬包車的波蘭老伯，老伯的兒子通英文可翻譯，包車從克拉克夫驅車一小時，抵達奧茲維辛集中營，遠遠望見火車鐵軌，從自由遼闊的地平面上一路延伸進入營地大門。

一甲子前數百萬人搭上火車以為往東遷徙開始新生活，火車鐵軌在進入大門前一分為二，有勞動能力的人往右，殘疾老弱婦孺往左，往左的這些人被送進毒氣室，鐵軌的分岔是無數人的人生分岔點，從參觀入口著名的「勞動創造自由」（原文德文：Arbeit Maht frei）鑄鐵招牌，一路走到這裡有好一段距離，我硬要在烈日下沿著鐵軌走到交岔處，**凝視自己踩在交岔鐵軌上的雙腳，想起《白色巨塔》裡的對話：往左或往右，不是去天堂或地獄的區別，兩邊都是地獄⋯⋯。**

這天天氣著實炎熱，攝氏三十五度，不用說住在高緯度國家的外國人，來自北回歸線附近的台南女子如我，亦是吃不消。說來很玄，外頭陽光普照，一進入那磚砌的毒氣室陰影裡，一股極為陰涼的微風襲來，因拍照取景之故，我反覆進出了幾次，起初我以為毒氣室建築內有開冷氣，後來發現這展示的毒氣室並沒有可以關閉的門窗，亦沒有裝設空調，那莫名的溫差現象，連篤信科學實證的我，也難以用科學的解釋來說服自己。

一棟棟展示被害猶太人遺物的磚砌房舍，成堆如小山的眼鏡、成堆的假牙、成堆的皮鞋、成堆的皮箱、用被害女性剃下的頭髮製成的織物、滿牆的被害人大頭照，參觀到一半，總不住地盯著這些遺物出神，一副眼鏡代表一條人命，一副假牙代表一個人生，全葬身於此。而這些人從未犯下任何足以判死刑的錯誤，只因被扣上身為某種民族的原罪，人類文明史上古時的奴隸制度，乃至近代的種族屠殺，甚至近至一九九四年的盧安達大屠殺，**人類花了這麼長久的時間，永遠學不會教訓**。

在那之後至今，長年睡眠易夢且經常能記住夢境的我，夢見過好幾次穿梭在那偌大集中營區裡的宿舍裡藏匿逃跑，甚至夢見過從火燒濃煙的集中營木造屋舍中尋人、逃難，或許冥冥之中，當初在此所見所聞留下過於深刻的衝擊印象吧。我想起那塊鑄鐵招牌「勞動創造自由」，自由，啊！自由，對於獨裁者臉不紅氣不喘地把謊言硬生生又赤裸裸地鑄成標語，讓後世千千萬萬遊客來瞻仰的做法，感到無法理解。

"Follow Me" 老伯

兩名女子，儘管都具備能用流利英語與人溝通的能力，在波蘭卻倍感辛苦，這趟旅程是背包十九年以來使用最多德語的一趟，比在德國旅行的時候說的還多，因為大多數德國人的英語都不錯，而當時在波蘭旅行期間，發現能用德文溝通的波蘭人比用英文溝通多一些。

在波蘭的郵局買郵票要寄明信片回台灣，發現郵局櫃台人員不諳英文，所幸德文可以，櫃台

2006-06-29（四）格但斯克Gdańsk → 馬爾堡Malbork

要買往Malbork的車票，因為沒有直達的還是什麼，賣票的阿桑寫了、說了、比了一些東西，看不懂，好像叫我們去坐外面什麼車的樣子，我們又跑去外面i問，i小姐很好心地寫了波蘭文字條，叫我們買票時show字條，不過黃色售票亭沒有人，剛好有車來，似乎有車子臨時換月台，我聽見一個老伯用英文對我們說：“Follow me！”我吃驚地問Joy：「他對我們說嗎？」過了一會兒，老伯又回身再說了一次“Follow me！”啊，真的是對我們說，趕緊去問他…

跟我解釋一種寄一週會到，另外一種郵資比較便宜，但不確定多久會到，後面還有一串德文，當時的我聽不懂，可惜我這趟旅行結束後面的行程才要去柏林精進自己的德文，總之當時的德文能力還算勉強堪用，順利買到郵票。

自此之後，每每我在台灣遇見設有英文櫃檯的郵局，想起自己在各種非英語系國家的郵局完全無法溝通的窘境，都覺得這是相當貼心的服務，這對不諳中文的外國旅人而言，會是一盞明燈。儘管隨著時代進步，現代人出國旅行都是能上網的手機不離手，隨手可用google翻譯溝通，會發生無法溝通的窘境已大幅降低了。

我們要從臨著波羅的海的富有港城格但斯克（Gdańsk），前往馬爾堡（Malbork），這裡有被列入世界文化遺產建於十三、十四世紀的馬爾堡城堡，是目前世上現存最大的條頓騎士團歌德式城堡。

然而，我們在車站買票的時候，因為售票處櫃台的人無法用英文溝通，費了一番工夫。突然出現的"Follow me"老伯就像煙霧迷濛中的逃生指示燈般，跟上老伯與他交談，才發現他放棄他本來要搭剛剛靠站的那班車，帶我們去買票，原來是前往馬爾堡必須轉車，而且下午一點三十五分到轉車站Tzcen，必須接著搭下午一點四十分的班次。老伯連我們隔天要去海爾（Hel）半島和索波特（Sopot）海灘的交通路線，都順便一起幫我們規劃好了，我心中無限感激，老伯願意對這種可能一輩子不會再見到第二次、萍水相逢的旅人伸出援手。

那一天我的旅行手帳上記載著，晚上回去青年旅館和室友們聊天，英國來的蘇珊結束在波蘭的旅程，準備搭隔天早上的飛機離開，還有來自加拿大的「KKK」女生，聊天對談中不斷出現意思為OK的「KKK」，她們認為連大城市賣票的人都不說英文真糟糕，聊天之後，才發現似乎我們東方女生來波蘭遇到困難比較容易受到幫助，不過這是十六年前的事情了，或許當時東方旅人比較稀少之故吧，另一方面或許正巧她們都是以英語為母語的人，本位主義地認為要發展觀光應該要會說英文才對，說不定波蘭人才覺得你們要來我們的國家旅行，連波蘭話都不會說真糟糕呢！（攤手）

2006-06-30（五）
格但斯克Gdańsk → Hel → Gdańsk

沒想到，小小的Hel半島上賣票的年輕小姐英文反倒說得好，令人驚喜！又有熱心的車站大叔，解釋該搭哪一班，雖然他幾乎不會說英文，不過他似乎很想跟我們交流，他把幾乎所有亞洲國家猜完了，連蒙古、西藏、越南什麼都猜了，也沒想到台灣。

上車前，我們又問了一次是這台火車、還是旁邊那台（旁邊那台也寫著Gdańsk），他走近火車，用力地拍拍火車說「是這台」！我想他內心一定OS這兩個人真「番」。

#波羅地海的眼淚

六月末的初夏來到格但斯克，吹拂的風略帶特有的淡鹹味，儘管當時身為學生口袋單薄，仍舊照著城市介紹的推薦來到琥珀街，樂當觀光客，閒散逛著一間又一間精美櫥窗展示的店家，不時廣場邊上也有許多藝術家擺攤販賣手工加工的琥珀飾品。

臨著波羅的海（Baltic Sea）的格但斯克，是座觀光產業繁盛的臨海城市，波羅的海這個名稱在十六世紀後較被廣泛稱呼，在繁多歐洲語系語言裡，字根「波羅的」多意指為腰帶，這片半淡半鹹的陸間海洋，正是掛在中歐與北歐大陸腰間的腰帶，腰帶上鑲嵌著許多名為「波羅的海的眼淚」的琥珀，世界上八成的琥珀產於此洋。

琥珀的形成，據稱是松科植物樹脂需要經過炎熱的夏季氣候，脫落在附近有海的區域，經上升的海水覆蓋減少風化，經過至少有二千五百萬年以上漫長的石化過程而形成。有些因稀有而價高的蟲珀，便是當初樹脂脫落時，億中選一運氣極差的昆蟲恰好路過，被包覆進樹脂，千萬年後海水退去，被人類發現而珍藏在博物館受人瞻仰，大抵是個運氣差到極致的話，也能成為萬世流芳的昆蟲木乃伊之類的勵志故事。（笑）

究竟琥珀為何被稱做波羅的海的眼淚，不得而知，然而攤開波羅地海的歷史，只見自中世紀以來包圍著這片海四周的眾多國家戰爭不斷，加以第二次世界大戰結束後，蘇聯、英美等許多國家在波羅的海處置化學武器，容器腐蝕導致毒性化學物質外泄，戰火、鮮血、毒物長遠地污染了波羅的海，千萬年前的松樹彷彿預視了這些可悲可泣的未來，留下了大量的眼淚。

所幸，身為觀光客的特權就是可以無視這些悲傷的過往，只需享受到此一遊的短暫當下。Joy和我打算去海爾半島眺望波羅的海，我們從格但斯克搭船去海爾，沙灘上的人們穿著清涼，與我們穿著長袖防風外套形成對比。我們挑選了能夠欣賞波羅的海景致的餐廳，享用海鮮料理。

從海爾搭乘火車返回，火車沿著半島的海岸線延伸，距離約莫是搭船水路直線距離的三餘倍，沿途都能看見海，令人心情愉悅。原先我們打算在傍晚八點下火車一遊，未料火車在索波特靠站停留時，該車廂除了我們以外沒有其他乘客要上下車，而這裡的火車門需要自行打開，我們兩人都打不開火車門，於是火車便又載著我們駛離了索波特，令人哭笑不得。

火車很快抵達下一站，突然有大量的乘客上車，才發現原來那個火車門真的很難打開，一位要上車的壯漢，費了很大的勁兒才拉開車門。Joy和我不好意思返回原先的車廂，因為稍早前我們打算在索波特下車時，一位好心怕我們下錯站的女士還特地跟我們確認是否真的要在索波特下車，此時去索波特只有快天黑的沙灘，任性的旅人執意前往，卻因為打不開火車門而被上天阻止。

於是我們便索性打算站在車廂間直到格但斯克，車廂間對面站著三名身著迷彩裝的波蘭阿兵哥，邊抽著煙邊聊天嬉笑，我站立的位置恰好正對著他們，無意間和其中一人正眼對上了三、四回，才赫然發現，對方似乎並非不小心和我四眼相對，而是一直朝著我們瞧。我亦同時在打量對方，目測看起來三人身高都約莫一百八十七公分上下，體格結實，心中閃過各種好的壞的假設，倘若對方有何惡性意圖，大概以我們連火車門都打不開的力氣是抵抗不過的。

我假裝不經意地稍微移動靠近火車門，避開對方視線，和Joy繼續有一搭沒一搭地聊天，此時，已接近我倆共同旅行的尾聲，再過一天，我們便會從格但斯克分道揚鑣。不一會兒，三名波蘭阿兵哥突然出現在Joy的身後、我眼前，其中一名開口了：「可以一起拍個照嗎？」此時我才看清楚對方年輕帥氣的臉龐，這是⋯搭訕！

塞翁失馬，焉知非福。上天替我們關上一扇火車門，定會替我們打開另外一扇窗，在短暫的十餘天旅程中，意外宛如啜飲了超濃縮風味的香醇飲品，一口之間便能嚐到跨越幾百年的歷史、文化、人情，亦像拿起一顆琥珀對著陽光檢視，彷彿萬年的悲喜憂樂以及旅途中的無常都被濃縮其中，一眼看透。

華沙街景，一棟現代化大樓的玻璃帷幕，反射出視覺被切割、扭曲的舊建築，隱晦地訴說這座城市的身世。

旅伴Joy隨處有空找地方坐下，便能隨手寫個兩張明信片。

火車軌道進入奧茲維辛集中營的入口。

火車鐵軌進入奧茲維辛集中營的入口，往左抑或往右，皆通往地獄。

奧茲維辛集中營佔地廣大，參觀各處需要走好幾公里的路。

集中營裡未被送進毒氣室的囚犯所居住的宿舍，或許是當年參觀此地對內心感官的衝擊過甚，多年來夢見過好幾次穿梭在那偌大集中營區裡的宿舍裡藏匿逃跑，甚至夢見過從火燒濃煙的集中營木造屋舍中尋人、逃難。直到二〇二二年依舊做過衝進未見明火的宿舍中企圖叫醒認識的人，而夢境中的宿舍，竟如照片中的場景，一模一樣。

令人毛骨悚然的地下室展示廳，陳列著當年受害者穿著的囚衣，牆上羅列著受害猶太人的照片，六月末的東歐，戶外三十三度高溫，此處卻倍感陰冷。

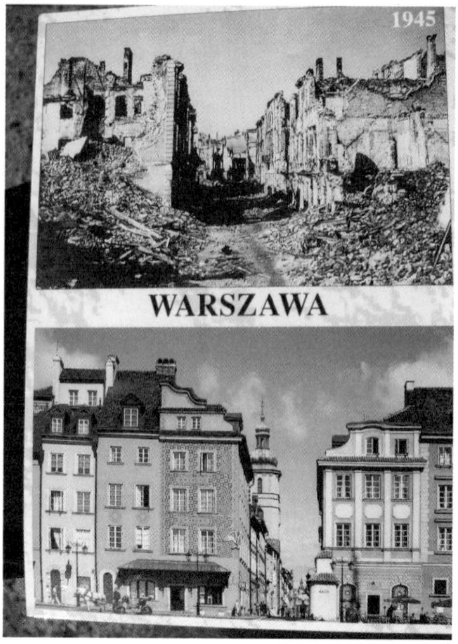

一張明信片，對比昔今（一九四五年 V.S. 二〇〇六年）。

城堡廣場上悠閒祥和的時光，古人應當難以想像未來的時空能有這般光景。

路邊的建築雕像，經常令人覺得新奇有趣。

四處悠晃累了，隨時找個公園一隅看書休憩。

排隊準備購買火車票中，購票窗口上方，是令人眼花撩亂的班次看板。

桃花絕緣體的我，拜同行者Joy所賜，在國外被搭訕成就解鎖。（笑）

我手上正拿著「時代的眼淚」，二〇〇六年當時台製的智慧型手機PDA，功能堪稱數一數二的先進，而桌上夾鏈袋裡，是當時在琥珀街購買的「波羅的海的眼淚」。

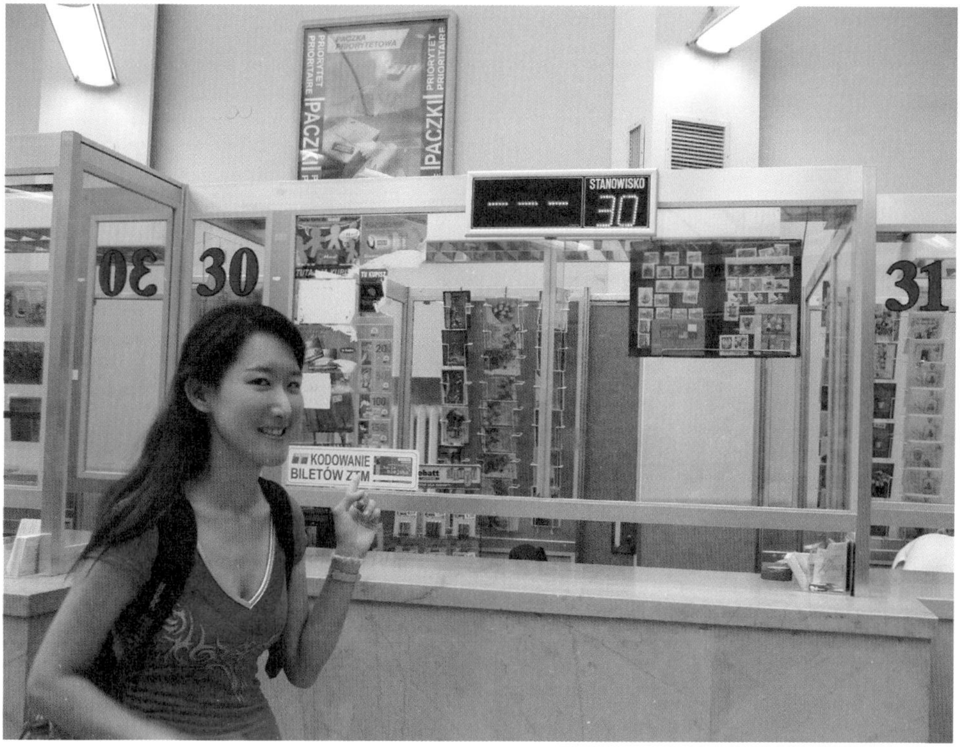

波蘭的郵局，當年最後我是講德文，才順利買到寄明信片回台灣的郵票，不過我想現在大家出國都會買上網卡、用翻譯軟體，應該沒什麼困難了。

05

二〇〇六年七月

柏林生活

第一次遊學在德國學德語的同性寄宿家庭生活

「起初，我並不知道關於我的寄宿家庭
是怎麼樣的成員，
隔天我看見用磁鐵吸在冰箱上的一張照片，
那是兩位都穿著白紗的女子相吻的照片，
第一時間我似乎愣住了，
下一秒會意過來。」

Berlin

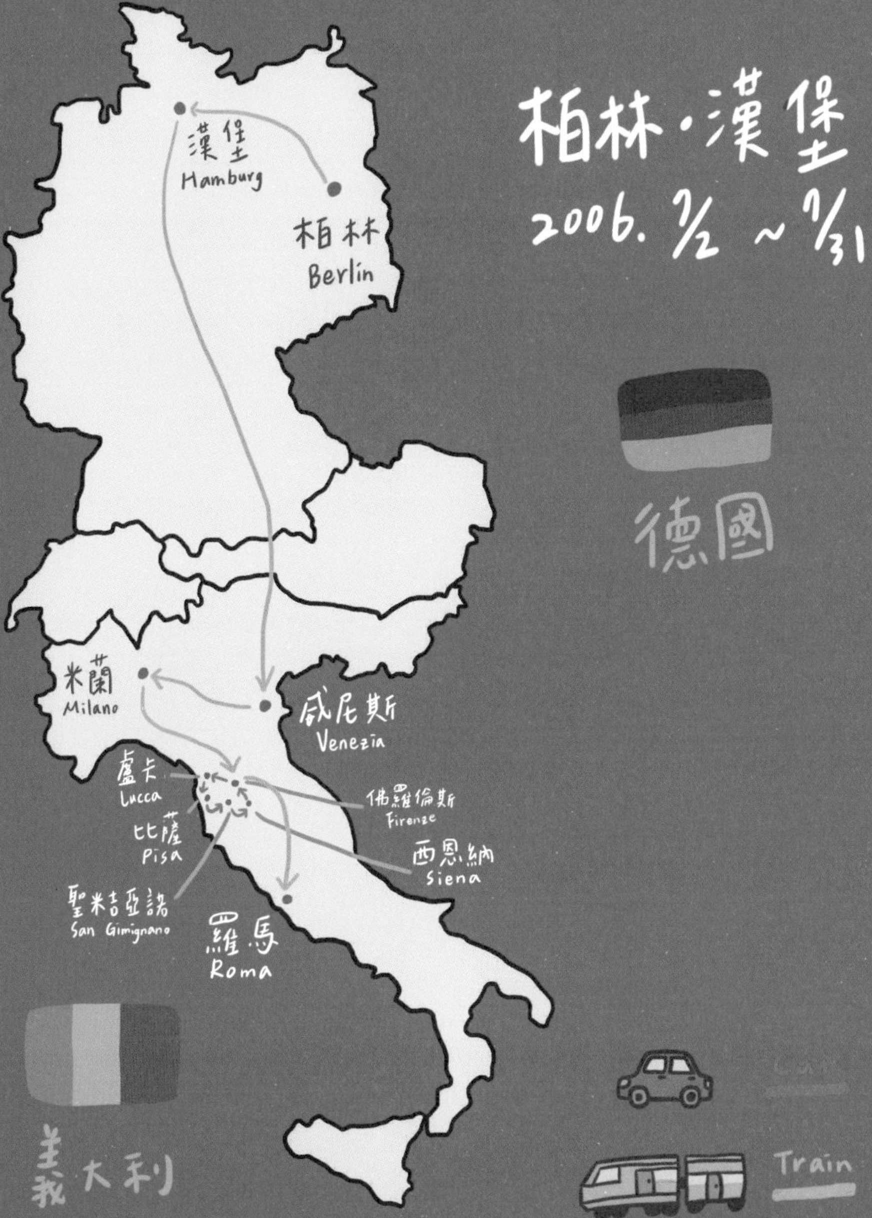
柏林·漢堡
2006. 7/2 ~ 7/31
漢堡
Hamburg
柏林
Berlin
德國
米蘭
Milano
威尼斯
Venezia
盧卡
Lucca
佛羅倫斯
Firenze
比薩
Pisa
西恩納
Siena
聖米吉亞諾
San Gimignano
羅馬
Roma
義大利
Car
Train

2006-07-02（日） 柏林Berlin 晴

上了臥鋪火車之後，我瞭解為何車票這麼貴了，三人一間，有梳妝鏡、水，有插座可使用電器、有桌子，桌面掀起發現有洗手台！有附麵包，有棉被、枕頭，還有衣架可以晾衣服，這間只有我，所以跟單人房一樣，真好。

啊！第一次在歐洲真的是自己一個人了，還好有小猴。

好睡！不過四、五點就自己醒了，正好我出去上廁所遇到查護照，被敲廁所門。先是波蘭的檢查員，再來是德國的檢查員，一個蓋出境章，一個蓋入境章。梳妝好，出去和隔壁的老先生、老太太聊一下，又是Taiwan和China的問題，真難！

7:07am，終於到德國了。

#柏林寄宿家庭

在波蘭和前一段旅程的旅伴Joy在格但斯克分道揚鑣，她搭上前往華沙的火車準備搭機返台，我則是搭上車票是她四倍貴的臥鋪火車前往柏林，一個人搭上臥鋪火車的此刻，卻是頭一次真的只剩自己一人獨自繼續旅程了，必須自己一個人找路、問路，自己一個人搭車，上廁所同時要想辦法一個人顧好自己所有的行李，一個人。

火車抵達了柏林的火車站，從波蘭到德國，一下子想不起上一趟三年前來德國是如何買地鐵票，所幸這裡隨處有人可以用英文詢問，擔心若用德文開口問了之後，對方一連串的德文回答會聽不懂。搭U-Bahn地鐵到柏林市中心北邊的Pankow區，在我心目中這裡大概類似台北的民生社區，從地鐵站出來，走在小方石塊路上，想起Joy在波蘭古都克拉科夫拖著沈重的行李箱時說過：「之前覺得國外的石板路很浪漫，現在覺得一點都不會。」我身上背著加上手裡拖著二十五公斤的行李，找到寄宿家庭地址號碼的門牌，星期日早上不到九點，我按了門鈴，對講機那端傳來語氣相當震驚的聲音：「妳到了!?」

原來我的寄宿家庭主人Constanze和她的伴侶Zosik皆在大學任教，教藝術，教課地點在另一座城市，經常會離開柏林幾個禮拜，她這次離開六個禮拜，昨天剛回來，我寄的email石沈大海，於是她並不知道我今天會到，原本她打算星期一才回來，我這才理解剛剛我出現那一刻她的驚嚇，不過真正該驚嚇的應該是我，謝天謝地。

Constanze幫我整理了一下房間，約莫十四坪大的房間，位在二樓，有一整面和陽台同寬的窗，正對著街道，高度正巧能夠映入路樹的滿窗綠意，房間裡有一台CD光碟播放機，許多書籍從客廳的書櫃蔓延到這間客房的書架上，接下來的一個月，我在這個房間度過，雖然時間短暫，卻是我從小到求學時期以來，待過最寬敞的房間。稍作整頓後，Constanze介紹了附近的超市、餐廳、交通，我開始了柏林的新生活。

起初，我並不知道關於我的寄宿家庭是怎麼樣的成員，隔天我看見用磁鐵吸在冰箱上的一張照片，那是兩位都穿著白紗的女子相吻的照片，第一時間我似乎愣住了，下一秒會意過來，我想像了一下照片中兩個人的各種互動，包括性愛，只覺得神奇，畢竟我當時現實生活中還沒有大方公開的同性伴侶朋友。

隔週星期五，下課後我刻意去逛街，八點半才回到住處，儘管前一天Zosik有跟我提過這天邀請隔壁鄰居一家人過來晚餐，我以為我返家的時候大概晚餐已接近尾聲，但始料未及的是，柏林人夏天的晚餐八、九點才開始，我竟比來晚餐的隔壁鄰居一家人還早回到家，只好一同用餐，鄰居媽媽和我打過招呼後，便一路德文和Zosik、Constanze話家常，鄰居爸爸和八歲、十一歲的兒子與我用德文與英文混用簡單交談，得知他們一家隔天要開休旅車去法國自助旅行一個月，今天是行前餐敘，我不禁羨慕起眼前的兩名小夥子，至少小時在鄉下地方，我身邊並不存在爸媽會在暑假帶小孩出國一個月的同學。整頓晚餐下來，全程企圖跟上其他人的德文對話，感覺大腦消耗掉比吃下肚更多的葡萄糖，疲累不已。

#歌德學院學校生活

安頓好住處，隔天一早到歌德學院[1]報到，儘管事先已有被知會，但是第一天一報到完，真的立刻要接受考試，在波蘭已開啓玩樂模式的我，心境一下子難以轉變，筆試第一關選擇題、第二關德文作文，接著還有面談口試，隔天下午依照考試結果能力分班後，緊接著開始正式上課。

第一次有機會和來自世界各國的人一起坐在教室學習，同學裡有阿拉伯十八歲男生、四十五歲的義大利男、來自法國美得像洋娃娃的十八歲Lucie、熱情活潑的西班牙Dominique、四十歲的希臘歌劇家Panayotis、來自紐約都剛好是念藝術史的Lanca、Michelle和 Caro、烏克蘭十八歲男生Anton、身高一八五公分白俄羅斯十八歲陶瓷洋娃娃女生Natalie和五十五歲美國同志歷史老師David。

當時的我最感到文化衝擊的是，來自美國的西班牙裔媽媽，第一天上課穿著全身純白色的緊身休閒裝激凸登場，她人熱情活潑好相處，只是視線實在不知道該往哪裡放，發現在這裡課堂上每個人儘管說著不熟練的德文，卻也勇於發言，自我介紹也不會忌諱表明自己的性向，穿著打扮很做自己，這著實打開了我的眼界，彷彿世界上各式各樣的人濃縮在同一個教室裡，「哇，原來世界的課堂是長這樣的。」

週間每日下午半天的課，每天都有回家作業，扣掉上下課交通和每天一個小時寫作業的時間，整個上午和下午五點五十分下課後到晚上十點天黑，甚至半夜只要有夜店還營業的時間，都是自由活動時間，每天和不同同學相約去享受柏林的生活，尤其正逢德國主辦世足盃期間，整個城市無時無刻呈現蓬勃熱鬧的樣子，尤其有足球比賽的晚間，設置有大螢幕的廣場、酒吧、餐廳充斥著觀看球賽的群眾。

台灣的好友Yvonne也參加同期歌德學院的德文課程，她被安排住宿在另外一個寄宿家庭，能

1 歌德學院，為德國在全球各處設立以推廣德語和德國文化的的非營利機構，目前在德國境內有十三所、德國境外有一百二十八所分院，台灣的歌德學院位在台北市。

力分班也和我分在不同的班級裡，下課後空檔時間相約一起活動，也因此我們彼此能參加對方班級同學的活動，認識更多的同學。

某天下課，遇見Yvonne和她班上同學來自日本的山本，山本同學在日本念藥學，當了一年藥師之後，辭掉工作來德國學德文，他對台灣的醫學有興趣，於是想找我們聊聊。我們找了一家天天高朋滿座的越南餐酒吧坐，和山本同學聊天的經驗令人印象深刻，聊天之後才赫然發現，他完全不會說英文，連Good morning這樣的詞彙都不認識的程度，在日本的時候也完全沒有學過德文，我既好奇又佩服當初他是如何一個人從日本前來柏林，他比課程開學提早一個月就來柏林，一個月的時間，就能夠從完全不會到可以和我簡單德文對話，當然我們能溝通使用的德文單字依舊有限，拿出紙筆寫漢字加上畫圖併用，當會意過來對方想表達什麼的那一刻，相當開心。

提筆的今日，我正在學日文，國中時為了學唱動漫主題曲只學會了平假名五十音，而今在片假名五十音還沒背完的狀態，直接越級打怪誤闖了社區大學以為輕鬆的觀光日語課，全日文上課的日籍老師，第一堂課便是直接請所有同學用日文自我介紹，我驚嚇地發現課堂上超過半數的同學們，不論是三、四十歲還是六、七十歲的同學，都能與老師流利地對話，他們之間百分之九十的對話內容我聽不懂，突然之間似乎能體會當年山本同學的處境了。

社大日語課沒半學期，能明確感受到自己日文進步的節奏，期待疫情過後世界大門重新打開，若有緣，有朝一日與山本同學再會，能以流利的日文對話，相互分享各自從當時柏林的課堂走出以後的人生經歷。

#青春夜生活

盛夏的柏林，晚上九點半日落，約十點才天黑，或許因為世足賽的關係，或許是暑假期間的關係，整座城市日夜都呈現著一種熱鬧繽紛的氛圍，晚上九點、十點在外遊蕩都覺得時間還早。

跟著外國同學去體驗不一樣的夜生活，進去Disco，發現裡頭超多人，一樓、二樓與地下室兩個舞池，風格各異，一去二樓的舞池，站在舞池邊就被邀舞，正確來說應該說是被拉進舞池，雖然對方是長相輪廓深邃的義大利人，可惜個子太矮，以東方女性而言我個子中等，對方比我還矮，跳了三首歌，其中一首歌貼得緊，當年的我也還是有不切實際的少女心妄想，希望能跟高大帥哥跳，三首歌大概是我的耐受極限便落跑，硬是推托表示累了好熱，他一直不斷地纏著我說weiter, weiter dance…（德文，more dance之意），其他人有被老伯邀舞，二樓大概就是這種風格。

我藉故落跑，去地下室樓層寄物區寄放包包，發現地下室舞池的音樂有點雷鬼、有點電音，年輕人較多，音樂主旋律較不明顯，重低音的節拍，屬於可以隨便亂扭的場子，地下整樓煙霧彌漫，有不少帥哥，但都只站在舞池旁邊喝酒，眼睛像雷達一樣掃瞄在場的美眉。我和Yvonne對舞，矮個義大利男子竟又出現在同一個舞池，前後來邀舞五次，我決定躲去買雪碧喝，和Yvonne去一樓找位子坐。

一樓宛如又是另外的時空，舞池裡的人，舞步顯得專業，不禁合理懷疑舞池裡的舞客是店家

2006-07-08（六）柏林Berlin

班上美國同學Caro和她妹妹Sara晚上要去一間Disco，我和Yvonne也一起去，先在一家酒吧户外座位和她們碰面，後來下起雨，我們移去附近另外一家酒吧，店內有超大的電視螢幕，吧台可以坐，就坐在那看德國對葡萄牙的比賽，同一個酒吧內有支持德國隊的，也有支持葡萄牙隊的，氣氛詭異又熱鬧，這場比賽竟是卡恩[2]出賽。

看不完上半場，我們去找一家Caro書上介紹的酒吧，在菠次坦廣場 Potsdam Platz。找到時，發現竟是非常高級的酒吧，得通過dress code才行，不能穿拖鞋，有人穿夾腳拖，只好作罷。此時酒吧內傳來吵鬧的歡呼聲，猜也知道德國贏了。

最後決定去原本Sara要去，但是較遠的Disco HAVANNA，據説是南美莎莎音樂風格的Disco pub，入場費€7，因為今天本來沒料到會到酒吧，入口要檢查包包，小猴也在包包裡，禁止自行帶飲料進去，會給號碼牌貼在飲料罐上出來的時候可以領回。Caro和Sara都有帶鞋子來換，看到也有其他不認識的女生在換高跟鞋，我一身針織七分袖外加長褲的氣質路線，有點不搭軋。

聘請來的專業舞者，一名戴帽西方男子和一名東方臉孔的清秀女子跳得優雅，相當賞心悅目。每次有機會到舞廳酒吧，才後悔從前社團參加國標舞社沒有好好學舞。沒一會兒一名男子來搭話聊天，接著他開口邀舞，我藉口太累了地死命拒絕，其實倒不是真的不想跟他跳舞，而是在這個舞池跳舞的人舞步水準都很高，單純不想獻醜罷了。

離開Disco時，稍早前曾來搭訕過自稱就讀柏林紅堡大學的高大黑人，出現在門口，邀約再見面、要電話，我和Yvonne往外走離開Disco約莫五十公尺，依舊纏著我們，最後Yvonne告訴他，我們只有住宿家庭的電話，不方便留給他，請他留他的電話，我們再聯絡他，他方才罷休。搭地鐵轉車回到家，已凌晨三點，這天晚上徹夜滿街喧囂的慶祝喇叭聲，許多三兩成隊的車子插著德國的國旗，在街上開來開去，邊按喇叭邊歡呼，雖然當年的我支持德國隊，當下倒挺不希望德國贏球，還我一夜清幽的好眠比較重要。

#短期柏林化

過去在台北常年住在學校宿舍，台灣便利的飲食文化，讓我多年來沒有自己煮三餐的習慣，一直都是個「烹飪失能者」。待在柏林的這個夏天，短暫地成了柏林人，為了節省花費和時間，我買了環保便當盒，開始自己做早餐吃，同時準備午餐便當，偶爾下課後沒有和同學社交上餐館的日子，自己煮晚餐。

---

2 奧立佛卡恩，德國當代著名最優秀的足球員之一，位置為守門員，二〇〇二年世界杯成為第一位也是目前唯一一位獲得金球獎的守門員。我身為四年一度的足球迷，卡恩是我當時最欣賞的足球員。

2006-07-28（五） 柏林

搭U-Bahn去Jungfernstig時，在車廂上遇到兩個小孩在爭論，S-Bahn的S代表什麼，一個說是straight Bahn，一個說Strasse Bahn，吵了很久，於是在一旁的我忍不住幽幽地說，是Schnell Bahn才對。[3]

小孩們的爸爸笑著對我說，他們是從瑞士來的。

出門搭地鐵轉車去歌德學院上課，起初覺得新奇好玩，可以在地鐵上觀察當地人的日常，一週後開始覺得花太多時間在交通移動上，於是找到一家住處附近的腳踏車店，在店裡兜轉了第三次，終於下決定買了一輛二手腳踏車代步，移動範圍和效率大增，下課後還可以先騎去餐廳替同學們訂位。

上午經常和同學相約去逛博物館、看劇、看展覽，下午去學校上課，與同學沒有約會的上午，有時自己騎著腳踏車到滕珀爾霍夫公園野餐，隨意找塊有遮陰的草皮鋪著野餐墊，或寫寫明信片、日記，或看看書，或觀察在遛狗、遛小孩的爸媽，吃著自己做的沙拉三明治，在柏林市中心的滕珀爾霍夫公園，顛覆了我對公園的認知。這座佔地三百五十五公頃的都會城市中公園，是目前世界上最大的城市內開放空間，比紐約市中心的中央公園還大（三百四十一公頃），我第一次騎進這座公園裡，發現參天林木聳立時，驚歎不已，在所謂的大都市裡，竟然能並存著這般的森林，因為這座公園的關係，柏林在我心目中一直是最想居住的城市之一。

一個星期三下課後，班上同學和隔壁班同學相約去打沙灘排球，在這個未臨著海的都市，搭著地鐵，前往位於柏林市中心的人工沙灘排球場，下午六點多陽光仍炙烈，青春男男女女十四人分成三隊，穿著熱褲比基尼，在都市裡打沙灘排球，覺得有些不真實。

我們這組有個隔壁班同學大概很會打排球，表現得自己像是教練一般，不斷指揮大家做什麼，起初他要我們班高個兒美國女生Caro打二傳手的位置，也就是對方發球過來，接起對方發球後應接的第二球，這第二球必須傳到合適的位置，讓主攻手殺球過去，不過若不是受過專業排球訓練的人，擔任二傳手著實太強人所難，Caro倍感壓力，大夥也覺得交誼性質的沙灘排球比賽，何必如此在乎輸贏呢？

不論在世界上何時何地，只要參與團體，永遠會出現各種性格不同的人需要相互磨合，旅行的途中亦然，不同的是，除了旅伴之外，旅途中所遇見需要磨合的人，所幸通常都不需要維持太長久的關係。況且，隨著人生閱歷的增長，會發現人生旅途的精髓奧義是「合則聚，不合則散」，如今的我壓根兒不想浪費生命跟不重要的人磨合。

第一局結束後Caro坦然直言覺得壓力很大，對於她表達自己感受到不舒服的勇於直言，當下

---

3 Bahn德文「火車」之意，Straight 英文「直接」之意，Strasse 德文「街」之意，Schnell 德文「快速」之意。

好生欽佩，逐漸大夥融洽地享受一同打球的歡樂。其他有幾個同學稱讚我發球發得很好，讓我開心不已，想起小學時曾一整節體育課練習托球超過一千球不落地，有一段時間放學後經常獨自跑去學校網球場對著牆壁練習跳發球，只因為單純覺得跳發球看起來很帥，現今想想自己當年果然跟王道少年漫畫中的主角一樣膚淺，我卻也同時感受到原來曾經努力過、練習過的一切，終究會留下些努力過的痕跡。

世足賽結束前，下課後時常和同學們去餐廳酒吧一同看球賽，德國主場比賽的日子，六月十七日大道封街，架設了超大螢幕實況轉播球賽，從布蘭登堡門到勝利紀念柱之間，擠滿了無數觀賽和湊熱鬧的民眾與各國觀光客。

印象深刻的是，球賽散場時，發現有些年輕人拿著超大麻布袋在撿被群眾隨意丟棄的飲料寶特瓶。當時德國一般飲料寶特瓶可以拿去超市門口的大型自動回收機回收，像一個六百毫升的可樂空瓶，能夠退回零點二五歐元。當年歐元與台幣的匯率是一比四十二上下，也就是撿一個空瓶能折合台幣十塊錢，此時幾萬塊錢就灑在幾百公尺長的大道上。我想若事先準備好布袋一個人一小時撿上兩百個應該也不難，或許是拜如此的政策，不需要額外動用柏林市的清潔隊員，許多人自動自發地去幫忙回收空瓶了。

世足賽結束後，這座閒不下來的城市，持續舉辦許多大大小小的活動，包括著名的「愛的大遊行」Love Parade[4]，最早始於一九八九年四月的和平遊行，四個月後柏林圍牆倒塌，此後發展成大型電子音樂節與遊行，二〇〇六年七月十五日舉辦在柏林，男男女女、男女女男，摩肩擦踵，約五十萬人參與活動，好不熱鬧。

在柏林捷運上脫口而出瑞士小孩爭吵的答案，一時間才意識到自己，不知不覺，習慣了在世界上另一個角落的生活，宛如有一部分的自己成了柏林人。

離開柏林的這一天，其實寄宿家庭的主人們比我更早兩天離開，去外地工作，把家裡留給我一個海外來的寄宿學生，我一早要趕高速鐵路前往漢堡，沒來得及跟這個屋子裡的每個角落好好道別，所幸前一晚我已經把客廳廚房都先打掃一番，我把大門鑰匙留在廚房那陽光灑落的白色餐桌上，留下給主人的字條，扛著沉甸甸的大背包離開了。

事隔多年，回憶隨著筆尖湧出，當年離開柏林寄宿公寓那種惆悵，依舊揪心。

---

4 Loveparade，歷史最悠久的電子音樂大型活動，二〇〇七年舉辦在埃森，參與人數更達一百二十萬人，然而因為二〇一〇年舉辦在杜伊斯堡的活動，發生踩踏事件，二十一人死亡，超過五百人受傷，提倡愛與和平為宗旨的「愛的大遊行」，為悼念傷死者而永久停止舉辦。未料，歷史上層出不窮的群眾聚集踩踏事件，仍舊預防不了諸如二〇二二年十月韓國梨泰院的踩踏事故。

柏林寄宿家庭的兩位主人在大學裡教藝術，屋子裡隨處都是滿櫃的書籍。

二樓公寓整面的窗，正對著街道，高度正巧能夠映入路樹的滿窗綠意。

博物館前有假日舊書攤市集，經常可以發現有趣的德文書籍。

Yvonne和隔壁班的日本同學山本，能夠一句德文都完全不會的狀態下，隻身前往德國學習，勇氣可嘉。

Yvonne的寄宿家庭住所處，能從陽台直接看見柏林電視塔，我們在陽台享受晚上八點依舊夕陽普照的晚餐。

在柏林城市中打沙灘排球。

歷史最悠久的電子音樂大型活動，提倡愛與和平為宗旨的「愛的大遊行」。

和美國同學Caro在施普雷河河畔的餐酒吧，享用德國啤酒。

在運動酒吧裡觀看世界杯足球賽，螢幕上是當年二十一歲的C羅。

愛的大遊行，有機會遇到來自世界各國的小鮮肉。

歌德學院的同班同學，有來自法國、希臘、阿拉伯、白俄羅斯、烏克蘭、美國、西班牙等各國的同學。

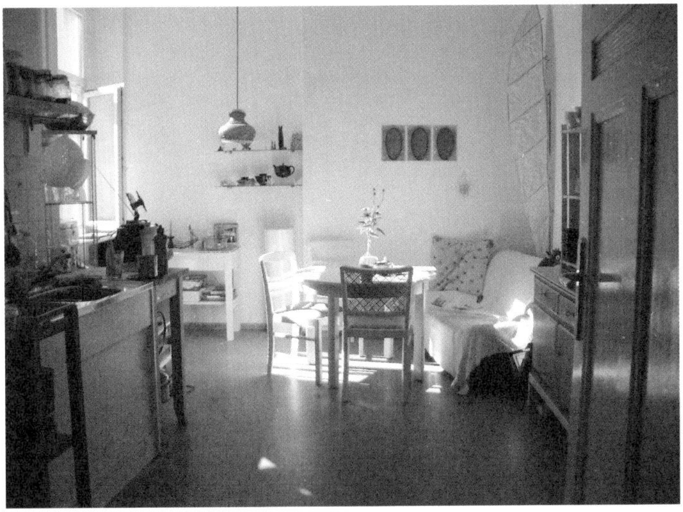

待了一個夏天的柏林寄宿家庭，充滿陽光的白色客廳。

陪伴我一整個柏林的夏天的腳踏車，離開前的一天，去二手腳踏車店賣掉。

06

二〇〇六年八月

義大利

第一次非英語系國家租車自駕旅行

「不諳英文的老奶奶，
嘴裡嘟嚕著令人頭暈目眩的捲舌音，
突然間她便作勢要開車離去，
然後搖下車窗回頭對我們招手，
原來老奶奶要直接開車幫我們引路。」

Italy

義大利

2006. 7/31 ~ 8/19

2006-07-31（日） Humburg漢堡 → Venice威尼斯

火車18:59抵達義大利Verona Porta Nuova，再換一班義大利當地車前往威尼斯，義大利應該是真的會熱，因為這裡的普通火車就有裝冷氣，感覺跟台灣比較接近，不太習慣旁邊的外國人膚色跟泰國人一樣那麼深。

火車快到威尼斯時，發現火車走的路線很像行駛在海中央的軌道上，雖然還是看得到大馬路，不過那感覺的確像極了One Piece[1]裡的海列車，現在根本就像是前進水之都一樣。

#水之都威尼斯

我和Yvonne即將結束在柏林哥德學院課程的前兩天，大姐姐從台灣來德國與我們會合，短暫停留漢堡數日後，一早七點一分從德國漢堡出發，在慕尼黑轉車，下午六點五十九分才抵達義大利邊境站，直到晚上八點多終於抵達目的地威尼斯，這個由一百一十八座小島、一百一十七條渠道與超過四百座橋樑所構成的水之都。

稍早前火車剛駛入威尼斯，映入眼簾的景象，讓人產生自己是魯夫同伴的幻覺，隨著火車突突前進，宛如正要開啓大航海冒險新的篇章。未料一踏出火車站，車站前熙熙攘攘的人潮，與想像中的浪漫水都全然不搭調。

回到現實，首先必須找到晚上落腳的住處，威尼斯的路很小，即使在地圖上畫的很大，也可能只有五米寬而已，有時一條路換三個名字，不如預期地好找。所幸同伴Yvonne事先仔細研究過到青年旅館的路線，從火車站穿越三座橋會到一個緊鄰教堂的小廣場，左轉又過一座迷你的橋，沿著水邊往裡面走到盡頭，總算找到入住旅館櫃台的地方。這段說近不近、說遠不遠的路，我們拖著大行李，每每要過橋的時候，我必須把放在托車上的行李整個抬起來，很是麻煩，我開始懊悔為什麼要帶這麼多行李。

每回旅行時，打包收拾，從這個住宿點移動到下個住宿點，打開行李散落擺滿整個房間，又打包收拾，繼續反覆這個過程，總不禁思索，**人生在世，其實只擁有這麼一個自己揹得起的背包就能生活，更顯得那些堆放在家中無法隨時帶著走的奢侈品並非人生的必需品，人想要的總是遠超過必要的。**

隔天一大清早，睡夢之間，依稀聽見大姐姐與Yvonne的交談聲混雜著雨聲，睡到九點多起床，發現下大雨，雨水潑進屋內，果然稍早前聽見的不是夢。下雨天，我們將近十一時出門，街上的行人很少，和昨晚的光景相差甚遠，儘管下雨不方便，卻正巧洗去擁擠的人潮，淒風苦雨的水都，別有情調。

前往聖母之光教堂，途經販售Pizza的小舖，價格親民，有不少人排隊，儘管排隊的隊伍稍有

1　One Piece，日本當代紅極一時的動漫作品，中文譯作航海王或海賊王，講述吃下惡魔果實、擁有身體如橡皮般伸縮自如特殊能力的主角魯夫，立志成為海賊王，一路結識夥伴，航向「偉大的航道」的冒險故事。

雛形，不過如果乖乖按照眼前這種義大利式邏輯的隊伍排，應該是排不到，還是得各憑本事才買得到。天氣溼冷的中午，能夠只花不到兩歐元吃到熱騰騰的食物，一整個幸福感滿點。

我們花了二點五歐元進去參觀聖母之光教堂，我帶了一本國家地理雜誌出版的義大利英文旅遊書，書上介紹到的藝術作品和裝飾都一一去尋找，義大利是天主教為主的國家，以聖母升天為題的畫作、雕刻大量出現，教堂裡簡直是一座寶庫，裡頭一磚一牆都是來歷顯赫的文物，一晃眼就是三個小時流逝，這是此趟「教堂看到膩」之旅的濫觴。從這間教堂開始，我發現教堂本身即是大墓穴，裡頭埋了很多重要人物，或牆上、或柱子裡、或地下室，比比皆是，而這裡最為人知的就是堤香墓──文藝復興後期影響後世西方藝術甚巨的畫家，主祭台上的那幅「聖母升天」，也是活了八旬的堤香大半在威尼斯度過的歲月裡，所留下的最重要作品之一。

高中時曾經一度很迷希臘神話，厚重的希臘神話百科全書裡，不乏古今許多大師根據各自的想像所描繪的神話場景，堤香是其中作品被收錄的畫家之一，我站在教堂裡看著眼前的石壁，想起幾百年前這個人就在這個城市畫圖，甚至就站在我現在所停駐的位置作畫，如今，他就埋在這石牆裡，那個意識，現在究竟在哪裡呢？

經過幾百年，來教堂裡禮拜的教徒、居民，來參觀的遊客，來來去去，不知多少人也陸續被埋進土裡或火葬，留下來的藝術作品，卻能夠如此直接把他從創作當下的畫筆尖，傳遞給五百年後站在這裡看見的我，想到不禁起雞皮疙瘩，**五百年後，屍骨無存的我能夠傳遞什麼給未來的人呢？一直以來，這個我心知肚明將畢生無解的哲學問題，像封印於體內某種不安定的靈，時不時**

浮現，企圖與我對話。

待在這個交織水道構成的城市，著實有種不真實感，第一次看見鳴笛呼嘯而過的救護船，高速穿越過路旁眼前的渠道時，忍不住驚呼，人類文明因地發展出各種適應方式，小船可以直接駛進家裡廊下的船塢，竟然就像車子開進自家一樓車庫般的自然，宛如存在卡通故事裡的世界，長久以來逐漸上升的海平面，已讓有些建築物門檻與窗台，只差一兩階階梯的距離緊臨著水線，威尼斯一直是我希望二十年、三十年後再回去看看的城市，想親眼見證被水吞噬的藝文城市將是如何的樣貌。

#文藝核心佛羅倫斯

說到托斯卡尼，應該舉凡聽過這個名字的人，大多印象來自一部《托斯卡尼豔陽下》的電影，這裡也是詩人徐志摩筆下所指的翡冷翠。離開水都威尼斯後，我們在稱作時尚之都的米蘭待了三天，不知是否因為在米蘭的日子碰巧天氣陰鬱，還是時尚精品與窮學生的我們格格不入，對米蘭的記憶，徒留不是隨處有人站在馬路旁用奇怪的眼光打量經過的行人，就是在米蘭大教堂廣場前親眼目睹三四歲大的外國孩童，被人在手腕上綁上彩帶，然後誆騙者再向小孩的父母勒索要錢，所幸我們原本就不打算停留米蘭太久，希望能多把時間留給陽光普照的托斯卡尼。

托斯卡尼果不其然沒有辜負我們對它的期待，從佛羅倫斯這個文藝復興誕生地的中心出發，烏菲茲美術館、學院美術館、碧堤宮、百花大教堂、鐘樓，每天被高濃度的文藝氣息包覆著醒來，波堤切利的《維納斯的誕生》、《春》、達文西的《天使報喜》、米開朗基羅的《聖家族》、帕爾米賈尼諾的《長頸聖母》，西洋繪畫百科全書上的圖片，從二維的平面作品，躍然成為眼前看得見顏料附著在畫板上質感的三維藝術實物，每天在高濃度的感動與讚嘆中昏睡去。

烏菲茲美術館雙側並翼長長的廊道，對外一側開著整面觸簷的大窗，這樣的格局宛如自顧自地述說著它的身世，一五六〇年起初梅迪奇家族第一代大公莫西科是要興建市政司法機構辦公室，烏菲茲正是義大利文裡的「辦公室」之意。

托斯卡尼少雨的盛夏八月，射進廊道的陽光，映照著滿室蔓延到天花板的華麗壁畫，以及矗立走廊兩側的雕像，通常大多數的旅人習慣參照著部落格或旅遊書上的介紹，從展示那些最著名作品的三樓開始參觀，在密集地使用腦力閱讀說明或聽英文導覽後，加上偉大鉅作洗禮的強力震撼之餘，通常走出展示廳來到這個廊道時，大多呈現滿足的半放空狀態，再也無心於研究與自己擦身而過的作品。

從展示廳一出來，我在那寬綽的廊道地板上，看見熙攘遊客移動時的錯落光影，對應著走廊上羅列靜止的雕像，突然想到，即便是擺放在如此看似不起眼的位置，其實這裡每一件藝術品都仍是出自文藝復興名家之手，價值是自己工作一輩子也賺不到的天價金額。

在台北市蛋黃區可能一間區區三千萬的小公寓，就必須要讓人努力辛勤工作大半輩子，烏菲茲走廊邊上角落一個不太為觀光客駐足的作品，大抵價值都能上億，難以想像「富可敵國」是否就像當年那位把眼前這所博物館收藏品全數捐出的梅迪奇家族末裔安娜梅迪奇，這裡的每一件展品若上蘇富比拍賣無疑皆是天價，尤其欽佩一七三七年安娜決定把這些幾百年來梅迪奇家族收藏的藝術品，捐給佛羅倫斯市，並且在簽訂藝術品移交協定時，前瞻性地定下「藝術品不能離開佛羅倫斯，且必須為公眾服務」，啊，我衷心感謝有遠見的安娜小姐，讓幾百年後的我才能有機會，一睹這些經過世界大戰紛亂世代後仍被完整保留下的文藝品，這個世界上有人富可敵國，選擇成立恐怖組織去爭權奪利，世界上也有人富可敵國，卻仍作出良善的選擇。

托斯卡尼自駕

離開佛羅倫斯之後，我們才算真正開始在義大利的自駕之旅，因為義大利的城市街道巷弄狹窄複雜，不僅停車困難，也充滿單行道。在那個根本還沒有導航的年代，要一邊研究義大利文的地圖和路標，一邊找路，同時要避免誤闖單行道，簡直是不可能的任務。我們很知趣地放過自己一馬，離開大城市，要前往托斯卡尼省的各個鄉間小鎮前才取車。

不過即便是在托斯卡尼省的鄉間，依然時不時遇見找路鬼打牆的事，那一天要從佛羅倫斯前往比薩—對，就是那個地方，有座相當有名氣的「歪掉的建築物」—不知道是否地圖有誤，我們在出城前的一個岔路口旁，猶豫不決，最後好不容易附近停下了一輛車，發現駕駛是一名義大利

2006-08-12（六） Toscana托斯卡尼省, Lucca路卡

把行李放在車上後，我們沿著城牆堤岸走，帶著雨傘和Gore-tex外套，清晨還是相當寒冷，用在Burano買的餅乾當早餐充飢，當初外面應該有護城河，如今是一片青草地，除了城牆之外，還有這片草地隔開城外的喧囂與城內的寧靜，城外的外圍道路已經有不少來來往往的車輛，但城內依舊是與世隔絕的幽靜。堤岸上有許多小花，在晨曦中搖曳，真適合拿出野餐墊在這裡悠閒地躺著和野餐，早知道Lucca的青年旅館如此豪華，應該多住幾晚才對。

牆堤邊筆直陡下，拍照時大姐姐探頭去看，像是快墜下，感覺很危險。旁邊有不少散步和慢跑運動的人，有個人帶著一隻大麥丁和一隻肥肥短短的狗慢跑，大麥丁在前面跑，停下來在一窪積水喝水後繼續跑，後面那隻狗吃力地跟著，很有趣的對比。走到一半又下了一陣雨，不久又停了，大約花了一個小時又十分鐘，走完一整圈圍牆。

老奶奶，硬著頭皮嘗試問路，不諳英文的老奶奶，嘴裡嘟嚕著令人頭暈目眩的捲舌音，突然間她便作勢要開車離去，然後搖下車窗回頭對我們招手，原來老奶奶要直接開車幫我們引路，我們便順利從正確的交流道開上了我們要去的公路。

另外一天，要從路卡（Lucca）前往潘薩諾（Panzano）的酒莊住宿，開車到了潘薩諾，我們要找李奧林諾路Leolino 59號，在路口看見一家咖啡店，我們停車進去問人，Yvonne問了一個老伯，他十分熱心地

用義大利文說著，我們完全聽不懂，溝通失敗，老伯和老奶奶一樣，決定乾脆開車帶路，有趣的是，他要走出咖啡店帶路前，仍不忘先點一杯咖啡外帶再走。

我們跟著老伯往前開了一段路，向左有個上坡的岔路，開上去之後又繞轉了一會，終於看見有個標示S. Leolino的路牌，老伯在此與我們分道揚鑣。我們繼續往前開，小石子路而且路很窄，我們越開越是心虛，前後完全沒有來車，路只能容一輛車通過的寬度，坡地上高高低低，越開越進入荒山野嶺，我們終於忍不住到有房舍的地方去問人，不過那屋舍倒像是葡萄園的農舍，或許工作的人午休去了，不見人影，於是我們只好再順著來時很陡很窄的石子路開回去，經過一間看起來也像Villa的莊園別墅，決定去碰碰運氣找人問路，這間莊園別墅入口處的小徑坡度陡到看起來驚悚，大姐姐決定把車停在路邊，大夥步行走進去。

一名男子正在替別墅前的花圃澆花，一開口問話，謝天謝地，他會說英文，解釋了一番，我們才發現這裡的地址是Leolino 58，男子告訴我們，我們要找的Leolino 59在兩公里外的地方，他也覺得很神奇竟能找到這裡來，其實我們內心正在吶喊：「熱心的咖啡阿伯啊，差一號差很多呀！」。

從當年的手札記載，看見學生時代青澀的自己，現在的自己看見當年的自己，只要多付一點五歐元約台幣五十塊錢，就能多帶走一瓶義大利托斯卡尼名酒莊的酒，竟也不貪心，覺得帶不走就當下試喝品嚐即可，只能說人都有好傻好天真的過去。（遠目）

2006-08-13（日） Chianti奇揚地，酒莊品酒

（前略）

我們錯過了本來預約的那梯次，櫃台說可以直接參加下一梯五點的tour，晃到接近五點前後，前一梯次的人結束行程出來買酒，有個熱心的老伯，只會說義大利文，他的意思似乎一直叫我們跟櫃台會說英文的小姐講話。導覽加帶走一瓶酒€9.5，導覽加試酒€8，大姐姐和Yvonne各帶瓶酒，我試酒。

Tour開始才知道和想像完全不同，這裡以前是個古堡，Firenza佛羅倫斯和Siena西恩納之間戰爭間的據點，後來戰爭結束歸佛羅倫斯，城堡變成了避暑行宮，裡面的大理石門是用畫的，看多了真的大理石雕刻的華麗教堂，這顯得很搞笑。裡頭還有超小的廁所，沒有浴室，據說以前人很少洗澡，只用香水或香粉來掩蓋體味。Yvonne研究了古堡的門，打開狀態呈現傾斜的門，之前參觀博物館的時候，我們還以為是門壞掉了垂到地板上，其實是一種軸不是垂直地面的設計，門可以自動關起來或是一打開就開到底，不會開到一半晃來晃去。今天彷佛不小心又參觀了博物館，和想像中的酒窖全然不同。

除了參觀葡萄園與酒莊品酒，來到托斯卡尼省，還有許多和佛羅倫斯氣場風格不同的中古世紀小城鎮，其中對小鎮聖吉米雅諾的記憶，大概沒什麼可以超越那間得過世界冠軍的冰淇淋店，如果臨死前可以再吃一次的東西，假使升天時碰巧是個很炎熱的日子的話，我會選擇聖吉米雅諾的冠軍冰淇淋葡萄柚口味，但是如果是選擇可以再喝一次的東西，我選擇九一三茶王的珍珠鮮奶茶。

八月中，我們刻意安排這時節前來西恩納（Siena），這個擁有悠久賽馬傳統歷史的中古世紀小鎮，居民們對自身領區擁有強烈尊崇感，出身來自台南鹽水的我，有種莫名難以的認同感，每年自己全副武裝穿梭在蜂炮火光拍攝時，或是帶領外地朋友體會鹽水蜂炮令人屏息的極限危險美時，那種尊崇認同感，我同樣能在每個綁蜂炮的居民、揮汗指揮的武廟在地工作人員、抬轎的信眾們臉上看見。

西恩納分為十七個區，每個區擁有自己的旗幟代表圖樣，每年的賽馬節第一場在七月二日，當時我正在柏林，第二場在八月十六日。西恩納小鎮中央是一個保存完善的中古世紀扇形廣場，這天八月十五日是賽馬節前一日，我們隨性地逛了小鎮，順道去遊客中心先行研究實際賽馬節要如何參加，來到著名的廣場，發現場邊的座位都需要預訂，座位票價大約在二十到四十歐元，而隔天正式決賽的票價在三五〇歐元左右，不過廣場中央圍起來讓民眾站著看的地方是不用錢的，只需要驚人的毅力，不論是雙腿還是膀胱的毅力，即可不花分毫地參與如此百般難得的盛會。

當年相當作自己的我，毫無顧忌地在四周被賽道包圍起來的廣場中央，拿出隨身攜帶的折疊式輕便野餐墊，無視四面八方觀眾席和建築物上圍觀者的睽睽眾目，等候開賽前，就在這個位置倒頭睡了一個多小時，醒來時發現離晚上七點準決賽開賽時間越來越接近，廣場中央周圍的人群越來越多，我趕緊收拾好野餐墊，跟著眾人站著等候開賽。

此時觀察到場邊的座位區，有兩大個區塊分別坐了來自不同區的小朋友，一群穿著藍色，另一群穿著橙色，他們唱歌互相比聲勢，開賽前半小時，響起了巨聲禮炮，騎士與賽馬出現繞場亮相，接受眾人英雄式的歡呼迎接。現場顯得混亂，不知何時，發現馬匹們便競相飛奔而過，第一圈藍隊領先，第二圈被橙隊超前獲勝了。比賽一結束，我們旋即撤退，以免被散會的人潮堵住回住處的路，撤出廣場的同時，見藍橙兩區的小朋友依舊互嗆不停。

隔日賽馬節當天是重頭戲，下午五點初，從城下的路邊往廣場方向走，進廣場的路口已經被人潮堵住了，英文旅遊書 Let's Go書上體貼地寫著前進一百五十公尺需要花上半小時，讓我們先有了心理準備，實在難以想像前一日我還在廣場中央打地鋪睡了一覺。

我們跟在三個高大的橘衣老伯和老奶奶後面，緩慢地擠到廣場中，正要穿越賽道進去中央廣場處，可以感受到一波波強烈往前推擠的力量，那是一旦跌倒絕對無法自行站立起來的恐怖力道，看見前面有帶著小孩的父母打退堂鼓直接撤退，我們很擔心三個人在推擠中分散，奮力地死命相互抓著，最後終於隨著人浪被推到廣場中央。神奇的是，擠成這副德性的廣場，竟然還有攤販扛著爆米花在兜售，心想就算有人趁亂抓個爆米花走也追不到小偷，不過小販早就經驗老道，每次只在視線範圍放個幾包地賣，對於身高劣勢的我們，發現待在小販旁邊視野最好，因為擺爆米花的板子正巧能稍微驅開人牆。

今天場邊的觀眾席上不是小朋友，而全是穿著傳統服飾的大人，有一區是樂隊，各隊旗手在耍大旗和拋旗。七點整，神聖的白牛們拉著一艘裝飾華麗的車，飄揚著一面黑白相間大旗幟，幾分神似幽靈船伴著不規律的叮噹聲響繞場，介紹馬匹點名列隊，沒有馬鞍控制的馬兒著實難馴，光是點名列隊，花了二十分鐘，十匹馬還是無法全數依序列隊，觀眾開始顯得焦躁。混亂之中，馬全衝出去，又響了幾聲砲，眾人莫名其妙，原來似乎是有人偷跑，於是耗時的速率決定步驟「重新列隊」再重來，沒兩下又有馬兒偷跑。最後終於真正開跑了，傳統服飾戴綠帽的那一區勝出，樂隊奏樂慶賀，樂音響起，起跑處各色大旗揮舞，看見對邊看台上有人爬上旁邊建築物的陽台上，和陽台上的人打了起來，觀光客都在看熱鬧。

撤出廣場時已經八點半了，雖然這比起參加台北市政府的跨年晚會倒數一〇一煙火，仍算小巫見大巫，儘管是相當特別的體驗，不過自此以後我往後十來年的旅行人生，再也不參與任何如此近距離大型群聚的嘉年華或活動了，更精確地說，我只想去距離人群越遠越好的地方。

#羅馬帝國

對羅馬的厭惡，或許是正巧在托斯卡尼的強烈對比之下被增強，儘管這裡輝煌的歷史，比起文藝復興時期來的更加悠久幾多倍。我當年記

2006-08-17（四）
Roma 羅馬

到了競技場，下午五點太陽依舊超大，氣候也比較溼熱，會有黏黏的感覺。Yvonne說，到了羅馬感覺東西便宜，人很粗魯，到處都舊舊髒髒的！還挺貼切的。在攤販看見一包二十張明信片只要一歐元，實在太吃驚了，突然覺得在德國買一張一歐元的明信片實在奢侈。那老闆看我們在翻一本介紹羅馬今昔的書，一直問我們十歐元要不要買，我們最後沒有要買，把書放下離開時，老闆竟然推開大姐姐，沒禮貌！

錄著，往羅馬廣場去，古時候羅馬文化的中心，如今僅存斷垣殘壁，許多石柱只剩基底座，在斜映的落日餘暉中拍起照來很有感覺。書上說這裡最初是公墓，後來淪落為垃圾場，更後來又變成宮殿有錢人住的地方，再歷經戰亂歷史自然演變，最終成就今日的模樣。地板上有一片最初應是一顆顆石頭鑲嵌的石板路，**凸起的石頭已被歲月磨平，據說這石板路是當今世上現存最早的石板路，踩踏其上的，不論是死是生、是尊是卑、是榮是賤，它概括承受。**

在羅馬，我遇到有史以來去過最髒亂的麥當勞，座位區髒亂，一處飲料打翻四溢的座位，在店內用餐停留的一個鐘頭內店員都沒有清潔，而櫃台前穿著類似店經理的人當著所有排隊的人面前，強吻其中一名女店員的臉頰，不久後又看見那女店員隨手拿起薯條來吃，店裡員工都沒有人戴口罩或衛生帽。電影場景裡出現那些赫赫有名的景點，明信片上印刷迷人的羅馬夜景，仍舊抹滅不去此行羅馬在在給我的厭惡感。

我不喜歡羅馬，這是偏見，是屬於我親自體驗過產生的偏見，我無法否定這個偏見的存在。就像徐志摩體會的翡冷翠[2]，是露骨深刻的愛戀情感，那是專屬於徐詩人的偏見。

時隔十幾年，我再三閱讀自己當年的手札，再次讀徐志摩的詩，也再次重看經典老電影《托斯卡尼豔陽下》，有些偏見還沒有契機被改變，倒是電影裡房仲朋友對面臨低潮的女主人說的一段台詞：「女士，在奧地利與義大利之間有段非常險峻的山路，人們為了要銜接維也納和威尼斯的交通，決定在阿爾卑斯山的群峰之間，建造鐵路；當時他們還造不出有足夠動力的火車，但還是決定先鋪鐵軌，因為火車終究會來。」

站在新冠肺炎疫情籠罩當下的今日，在三級警戒持續延長挑戰人們耐心的現下，重新咀嚼這段文字，這段台詞彷彿是對現今受新冠疫情影響的全球七十七億人說，現在能做的只需要保持信心地堅持繼續鋪鐵軌，後疫情新生活就像火車終究會來。

---

2 徐志摩的詩作〈翡冷翠的一夜〉摘錄，
你摸摸我的心，它這下跳得多快；
再摸我的臉，燒的多焦，虧這夜黑看不見；
愛，我氣都喘不過來了，
別親我了；我受不住這烈火似的話，
這陣子我的靈魂就像是火磚上的熟鐵，
在愛的錘子下，砸，砸，火花四散地飛灑……
我暈了，抱著我，
愛，就讓我在這兒清靜的園內，
閉著眼，死在你的胸前，多美！

聖母之光教堂主祭台上的「聖母升天」，位於照片中央，是提香留給威尼斯最重要的作品之一。

從橋上拍攝經典的威尼斯紀念照。

水之都威尼斯，令人又愛又恨的石板巷弄與小拱橋，拖著沈重行李尋找住宿旅館時，高低凹凸的路面，令人厭世，輕裝出門時，一出旅館即是流水小橋別有情調，卻又令人沈醉。

進入聖母之光教堂前，先用隔壁小店不到兩歐元的熱騰騰Pizza填飽肚子。

從鐘塔上眺望聖馬可教堂廣場，廣場上餵鴿子的遊客來來去去，猶如蚍蜉。

希望二十年、三十年後再回去看看威尼斯，想親眼見證被水吞噬的藝文城市將是如何的樣貌。

登上聖馬可大教堂的鐘塔，能夠三百六十度環景眺望水都威尼斯的景緻。當時的年代手機國際漫遊對學生來說是天價，到哪裡手上都帶著旅遊書。

參觀位於米蘭的聖盎博羅肖聖殿（Basilica Di Saint Ambrogio），為一座羅馬天主教宗座聖殿。

和旅伴Yvonne各自帶不同的旅遊書，邊走邊研究行程，參觀完景點，累了便隨處找塊有樹蔭的草地睡個午覺。

獲得世界冠軍的聖吉米雅諾冰淇淋店，看到照片仍不禁想再吃好幾次。

好奇究竟這家餐廳有多好吃，到了現場發現本日公休，門口聚集了一堆不可置信、抱頭飲憾的外國人。

羅馬充斥著各種表情動作很有戲的雕像，而年輕時最愛模仿雕像的動作。

在玫瑰莊園的游泳池畔度過一個悠哉的上午，我忙著拍網美比基尼照，大姊姊在一旁自得其樂地做拼布（大笑）。

義大利中南部托斯卡尼省的莊園，擁有露台的房間，走幾步路便能坐在露台上沈浸於托斯卡尼田園景色中。

托斯卡尼省入住的玫瑰莊園，是學生時代自助旅行數一數二奢侈的住宿點，高級的精品古董度假別墅房間，被我散亂的行李所淹沒。

西恩納一年一度的盛會賽馬節，所有的老少居民和觀光客都聚集到賽馬廣場來一睹賽馬風采。

當地的小朋友圍觀準備參賽的賽馬。

07

二〇〇七年二月

希臘

第一次真正一個人獨行

「當時的我覺得一個人旅行，
旅行過程的回憶是屬於自己的，
沒有人共同見證、共同分享，
感到些許失落與孤寂。」

Greece

希臘

2007、2/10 - 2/16

#一個人的背包武林初體驗

2007-02-10（六） 台北→曼谷→雅典

飛機在我手錶台灣時間中午12:45左右，雅典時間上午5:45 am抵達，雅典機場不用搭接駁車，入境歐洲據說瓶罐必須小於50 ml並且裝於密封袋中過安檢，其實也沒有這回事，從曼谷要上TG946就出現大量希臘人，說著聽不懂的希臘話，一下飛機許多希臘字出現，煞是有趣，出境，領行李，踏上一個人的冒險之旅。

先是研究地圖和Metro，一大清早到，天空還是黑的，出了航廈大樓，呼氣都冒白霧，找到車站買了一張票€6.0，我問售票員學生是否有打折，他說了幾次no，旅遊書上寫票價€8.0、學生€4.0，讓我不解（後來發現希臘語中的yes發音是發[ne]，也許聽錯，無解）。

買好票後，不知道Metro月台在哪，在手扶梯前猶豫，回頭問後面來的人，他說他也要搭，跟他下去，哦！是帥哥一枚，和印象中大多數的希臘人模樣不太像，若讓我猜他是哪國人，我一定不會猜希臘等南歐國家。等待發車時間，有至少十五分鐘，整列車廂裡只有我和他，但是我太孬了，不好意思跑去坐在他對面的座位搭話，我知道回國後別人一定會跟我要照片看，畢竟這年代沒圖沒真相，但是我沒有勇氣，剛踏上一個人的莽莽撞撞、懵懵懂懂的旅程，剛把自己搞到一個陌生國度不到半個小時，臉皮尚未hypertrophy（醫學英文，指細胞體積的增大、肥厚），但想想自己運氣還不錯，真的是帥哥。

儘管過去的幾趟旅行中，都曾經短暫幾天獨自行動，也曾自己住在柏林寄宿家庭，不過到學校還是可以和來自台灣的朋友見面，這趟旅程倒是頭一次一開始從台灣出發便是獨自一人，七早八早抵達青年旅館，這間青年旅館就在雅典衛城山腳下，從旅館房間陽台一抬頭即能看見矗立在山頂的衛城，還沒到可以Check-in入住房間的時間，櫃台人員告訴我可以先去吃早餐，雖然是簡單的麵包、奶油、水煮蛋和咖啡，但是對於青年旅館大方地讓我免費多用一天早餐，對希臘的第一印象，除了一下飛機就遇見熱心幫忙的顏值男，著實大大加分。

一個人旅行，和有同行旅伴時最大的不同是，多了許多觀察別人和與其他人交流的時間，入住青年旅館時，很自然地會和其它也是獨行的旅人聊起來，我在交誼廳遇到一個也是念醫的巴西女生，她在結束土耳其的交換學生課程後四處旅行，其實已經開學兩個禮拜，有個考試請同學幫忙cover（什麼!?這也能請同學幫忙掩護，覺得羨慕有這種好同學），巴西女生表示最後三個禮拜的行程也是獨自一個人走，自己決定要去哪裡、做什麼都需要自己留心，自由，卻也比較累。

一位年近四十歲的愛爾蘭女生，和她閒聊各種英語的口音等話題，當時才發現其實世界上一直都有許許多多的人，不管男女，都是travel alone的啊，**只是在過去台灣社會似乎把獨自出國旅行，尤其女生，認為是很稀有甚至是了不起的事，放到世界的眼光去看待，這是相當普遍的一種生活行為罷了。當時的我覺得一個人旅行，旅行過程的回憶是屬於自己的，沒有人共同見證、共同分享，感到些許失落與孤寂。**多年後，對一個人旅行這件事，卻有截然不同的體悟和感受，回想每個時期、每個當下感受的經驗都顯得無比珍貴。

走在雅典，這個總是出現在西方古典畫作、神話故事場景的城裡，一抬頭就能看見衛城，帕德嫩神廟高高聳立在山頭，更確切地描述是坐落在一個三面斷崖的巨大片岩地質層上，人們環繞著它居住而發展起來，海神波賽頓和智慧女神雅典娜爭取成為雅典城守護神的神話傳說眾說紛紜，最後雅典娜在這座城市種下象徵和平與繁榮的橄欖樹，勝出獲得擁戴，這座歷史能回溯超過五千年的雅典城，才獲得以雅典娜之名而命名之。

我穿梭在山腳下的小巷小弄，小巷弄裡有許多格局精巧的小店鋪，越走越靠近山頂，直到被圍牆圍住，此處登高已經能眺望見對面遠處的山頭利卡維多斯山丘Lykavitos Hill，那裡是網路上熱門推薦眺望和拍攝衛城居高臨下全景的地點。

接近中午，感到肚子餓了，我在一處小公園，隨處坐下來休息，一隻黑狗瞧我在吃東西，歡天喜地跑來搖尾巴乞食，我給了牠身上最後半顆的台灣福記鐵蛋，過去幾趟自助旅行中，默默養成習慣出國會隨身攜帶些來自台灣的小物，像是印著台北一〇一的明信片、西門町店鋪裡賣給觀光客附有一元新台幣的台灣造型鑰匙圈、中國結手機吊飾等，這些過去自己在台灣壓根兒不會想買的東西。

我還會攜帶些能即食的小食，諸如福記滷蛋、鳳梨酥、豆干、荔枝口味的軟糖或是包裝上印有台灣國旗的餅乾之類的食物，三不五時可以做個國民外交，我倒是沒料到有一天國民外交的對象是一隻希臘的浪浪小黑，那天的旅行日記上記載著「我最後給了牠半顆台灣福記鐵蛋，希望狗狗能惜福，身為希臘狗，很難得吃到這來自遠方國度的珍品！」如今再閱，自己都不免莞爾而笑。

比起周圍所認識的人們，我一直是個對「吃」較沒有特殊熱愛與執著的人，三餐不需要正正式式地坐在餐廳裡用餐，值班時經常抓空檔十分鐘解決一餐。一個人旅行的時候，身上總會攜帶一些食物，以應付各種突發狀況，像是隨時都可能因為突然決定在這裡拍夕陽，突然決定在那裡參加下個博物館導覽梯次，突然遇見一個有趣的當地人和他聊上一會，突然巧遇一隻野生美麗的鳥，然後拍照一拍便是半個鐘頭、一個鐘頭，錯過正常的用餐時間，司空見慣。

話說，忽然想到一個有趣的現象：倘若跟一個人聊起去某個地方旅行，大家通常會說出特定著名的景點、建築、活動、美食，然而實際出門旅行的當下，其實無時無刻都會遇上「找廁所」的經驗，這是個「當下極度急迫且會排擠其他所有事情的優先事件」，卻又「事後就立刻被當作非常不重要且會被遺忘的事情」。

如果是跟團旅行，安排上廁所的地點，是領隊、導遊除了讓客人吃飽喝足以外，務必事先安排妥當的最重要課題之一，而一個人自助旅行時，找到地方上廁所是自助旅行的必修題，這也是自助旅行有趣的地方。像是這天，我繞著衛城散步健行了大半天，終於想上廁所，走到地鐵站才發現原來雅典的地鐵站沒有設置洗手間，腦中開始盤算幾種解決的方案：找餐廳用餐順便借洗手間、找速食店或返回住宿處，只有自助旅行中才會去注意，有許多國家的巴士站或者甚至百貨公司的大眾廁所，是需要付費的，清潔人員的收入直接來自於使用者的付費，這些在在都能觀察到不同社會制度和文化的差異。

經歷過身處國外想在公共地點上廁所，百般困難找到洗手間後，發現上一次廁所要付台幣三、四十塊錢的經歷後，再反觀走在台北街頭隨時能使用捷運站整潔的公廁，尤其新冠疫情以前，全台灣各處許多便利商店、速食店、百貨公司、加油站、車站提供乾淨的洗手間讓人免費使用，覺得無比便利。

我曾在馬達加斯加參加一個搭乘動力船航程的行程，三天三夜的時間沿著原始未開發的河流域順流而下，從上船第一晚開始高燒腹瀉，最後如何在沒有廁所的船上活過了三天，深深體悟，人啊，經歷過些什麼囧到爆的事，就能對於不起眼的「擁有」心懷感激，包括有再簡陋的沖水馬桶可以用，包括每天有人替你打掃的公司廁所也是，在非洲荒野拉了三天肚子過後，會感到這些基本事物的存在簡直是奇異恩典。

#朝聖德爾菲

經常，旅程讓我回味無窮的，是往那裡移動過程中發生的點滴，如今想不起當初為何想來德爾菲，這裡據稱是希臘神話裡天神宙斯派了兩隻老鷹，分別從世界的兩端飛起所相遇之地，這裡是世界的中心，於是德爾菲亦稱為世界的肚臍（Navel of world），爾後的人生我竟意外去到了這個世界裡位在智利復活節島上的另一個「世界的肚臍」。

至於究竟我為何前來德爾菲，大抵就像天神為何確定祂的兩隻老鷹能維持同樣飛行的速度飛過世界的兩端，那般的不可考。現在的我只能合理猜測，大概單純只因為它被列於世界文化遺產的名單上吧。

2007-02-12（一） 雅典 Athens → 德爾菲 Delphi

希臘的長程巴士，除了司機之外，還有一位專門收票的車掌，中途休息完之後，下午一點就到Arhachova，遠遠就可見雪山，突然想去雪場瞧瞧好像也不錯，不過太累了。13:20 pm 就抵達Delphi，下車之後好險有其他遊客在地圖指標上，指出我們在哪裡，要往哪裡走。

一到這裡終於意識到三件事：一、這裡的路真的長得像地圖上畫的一樣奇怪，中間一截一截的是樓梯沒錯；二、整個小鎮超小，真的就這麼三條大路（說大路，其實是單行道的小馬路），其實一天從雅典來回就可以逛完；三、這裡的旅館很多，冬天是淡季，加上從雅典一日往返的居多，之前的擔心是多餘的，到當地再找住宿也絕對有。

……（略） ……

接著去看遺址，今天天氣很好，戴了淑女遮陽帽也擋不住烈日，一路慢慢往上爬，可以往下俯瞰整個Delphi坐落的山谷，景色很棒，雅典娜寶庫、阿波羅神殿、劇場盡收眼底，走到最高處有競技場，沿途沒啥遊客，但三三兩兩偶爾出現，必須很快速把小猴拿出來拍照再收到背包裡，不過也還好冬天來，能想像夏天遊客一定多到塞爆，因為又是傍晚，雅典當日來回的遊客多數也去趕回程的巴士了，才能這樣無啥人煙悠悠哉哉地欣賞夕陽斜照的古代遺跡。

來到德爾菲，後來自己在當年日記末抱怨道，「一直以為雅典柱廊高高聳立在整個遺址的最高處，後來才知道是在下面一區，和運動場同一區，而且其實巴士剛開進德爾菲時就看到了⋯往下坡走幾百公尺才走到雅典柱廊，遇到一群說法文的青少年旅行團，逛到此時接近關閉的五點，已經很餓了⋯又得走上坡，今天下午有種回到草嶺古道的幻覺，怎麼把自己大老遠地搞到希臘來健行，爬得氣喘吁吁又曬太陽⋯。」

然而黃昏斜陽下，真真實實地站在競技場遺跡中央，想像兩千五百年前希臘城邦的運動健將，在這裡比試著類似奧林匹克的競技，競技場邊風化的石塊見證過希臘古人的汗水淋灕，如今也見證了這個全身防曬包得密不透風、遠迢迢帶著小猴來此抱怨的獨行東方女子，念天地之悠悠的思古之情，仍不免依舊油然而生。

旅遊書上經典的德爾菲遺跡雅典圓柱廊照片，吸引我前來，正因為實際前來，德爾菲對我而言不僅僅是希臘廊柱遺跡的意像爾爾，正因為前來，我才知道要買公車票得跟路口報攤的老闆買，遇到售票的報攤老闆態度和藹，和之前買電話卡的臭臉報攤老闆不同，能讓旅途中心情撒花；正因為前來，才會一再遇見好心人，在公車上詢問司機對觀光客來說難以發音的某站在哪？公車司機在快要到站前經過的紅綠燈刻意開慢，指給我看長途巴士站在哪裡；正因為前來，才會在長途巴士站和博物館門口一再看見日文標示，見證二、三十年前日本人在國際旅遊上的強盛；正因為前來，跟著其他希臘乘客在車站旁的小攤買了一個兩歐元的披薩，餅皮酥脆、餡料豐富，意外無比好吃；正因為前來，才會在巴士上遇見藍眼的希臘少年，跟我分享櫻桃口味的薄荷糖果。（笑）

#沒有情人的希臘情人節

2007-02-14（三） 雅典

早上八點多醒來，賴到八點半才肯起來，先梳洗好，九點多上去五樓的Roof Bar用餐，發現這家旅館的另一優點，把用餐處設置在高處，用餐的時候還能一邊眺望衛城和雅典城的景色，白色的房屋在陽光照射下耀眼地反射，天空蔚藍，飄浮著一小撮一小撮的雲，時而飄過陽光照射的路徑，天光忽亮忽暗，變化相當快。

可惜心中趕著十點的約……

情人節早上，我在雅典享用著一個人的早餐佐地中海冬陽，熟料當時記下忽亮忽暗的天光，竟無意中替自己寫下在希臘最後兩天忽晴忽陰的悲慘預言。

早先聯絡了好幾天，終於聯絡上半年前在德國柏林歌德學院一起學德文的希臘歌劇家同學Panayotis，約好能碰面的日子恰巧只剩情人節這天，我提早五分鐘到，索性在約定的路口旁寫起明信片，我的壞習慣，老是在旅行的倒數幾天趕寫明信片。

“Beckey!”，啊，在雅典能看見熟悉的面孔，著實開心不已。Panayotis 陪我去逛貝納基博物館（Benaki Museum），附近的其他景點我幾乎都逛過了，前幾天來到國會大樓前，正巧碰上抗議示威，國會大樓前的衛兵樣貌和明信片上一模一樣，左右各一，踢著大正步，靠近又分開，穿著鞋尖上有毛毛球的靴子，靴底和地板摩擦發生喀喀聲響，表情正經八百地把腿抬得極高在空中踢步，和一邊嘈雜紛亂的抗議遊行群眾，形成強烈的對比，加上我這個站在廣場上帶著小猴拍照看熱鬧的獨行亞洲觀光客，同時存在該時空下，顯得既違和又搞笑。遊行過後，我觀察到示威的民眾前腳一離開，後腳竟然有清洗馬路的卡車旋即跟上清掃，當時感到嘖嘖稱奇，宛如希臘人在表態「任何公民都有權利發表自己的意見，但是不要造成別人過多的困擾，生活還是要回復、繼續過下去」。

步行前往博物館途中，Panayotis 告訴我這一區域以前曾是花市，有許多賣花的商店，現在僅剩一些花店，今天正巧是情人節，聊起不同國家過情人節的習慣，希臘和台灣類似，都是「情人」才會一起過的節日，而且都是被過度商業化的節日，有些地方情人節是個可以跟任何家人、親友show love的日子。

進去博物館時，我感受到櫃台小姐的態度超好，不曉得是否巧合，是這名櫃台人員對任何人都這樣，或是自己的心理因素作祟，還是的確是因為有在地人Panayotis當地陪的關係。過去曾經在紐西蘭遭遇令人不悅的經驗，當時排隊在自己前後的白種人買票時，售票員和他們有說有笑態度親切，售票人員和我們幾個東方年輕人對話時明顯語氣態度很差。儘管對他們厭惡，卻也同情這類情商低落、控制情緒障礙的人們，無論是何種人種、何種國籍、何種職業。

貝納基博物館是希臘首屈一指的私人博物館之一，讓我又想起捐贈義大利佛羅倫斯烏菲茲博物館的安娜梅迪奇小姐了。貝納基博物館是一九三一年由一名富有的希臘人安東尼貝納基斯先生所捐贈，運用自己的財力，替這個世界保存下歷史文明存在過的證據，啊，這大概就是像吾輩貧窮之人做不到而感到憧憬景仰的浪漫情懷吧。

和Panayotis對話，對希臘有了不同於書上的認知，過去對希臘的印象大抵停留在神話故事裡各種勾心鬥角的神祇、赫赫有名的哲學家們和適合蜜月的浪漫愛琴海小島。Panayotis告訴我希臘人的名字通常有一個對應的名字日，名字日都有一位對應的守護聖人，這一天比實際出生日期還重要，許多希臘人不過生日而是過名字日，有些人的名字沒有對應的名字日，有一天稱為全聖人日（all saints' day），便以那日為自己的名字日。來到希臘，也算是人生第一次對東正教文化的接觸，多年後前後去了四次俄羅斯，才發現原來慶祝名字日並非專屬希臘人的文化，而是信奉東正教的民族裡常見的傳統。

在博物館的咖啡廳裡，我第二次喝希臘咖啡，希臘咖啡底部有類似淤泥的咖啡濃稠細渣，讓咖啡從底部緩慢溶出，Panayotis說他們不喝底部的部分，我想起一個禮拜前，初次喝到希臘咖啡，是在路邊遊蕩時，被一個非裔希臘黑人搭訕，說白了他其實是他經營旅行社的表哥旗下的掮客，我當時的確有安排德爾菲住宿的需求，便答應前往旅行社去瞧瞧，他們請我喝了人生中第一杯現煮希臘咖啡，我還傻傻嘗試喝了一口沈澱底部被我稱之為淤泥的咖啡泥，鎮定地露出不失禮貌的微笑，感謝他們熱情地招待我道地的希臘咖啡。

結束和Panayotis 半天的希臘情人節約會，我自己再去市集閒晃，不管在餐廳、在路邊遇見兜售的小販，頻繁地被以日文搭話，正當準備回青年旅館的路上，哈利波特出現向我搭話！呃，是一名長得超像哈利波特的希臘人向我搭訕，搭訕我的原因很單純，他以為我是日本人（呃）。

這個從小在法國念書，去過日本、韓國多次，正在學日文和柔道、弟弟在學詠春拳的希臘人，還取了一個我認為大多數華人不會取的中文名「石金剛」，他一開始便表明不是有意要嚇我，只是希望能多有機會和日本人交流，結果最後是用英文和一個台灣人聊了宗教信仰、兩極、太極、宇宙平衡之類的話題，聊了一個半小時，這是什麼神展開的旅程，連我當下都不禁迷惑我真的是在雅典嗎？此前在這趟旅程遇見的當地人，或是相遇在希臘的旅人，都是好人，竟埋下因為太相信人性本善的惡因，隔日在科斯島發生險些被劫色的事件，這又是後話了。

#科斯島劫難

前往科斯島，才是這次前來希臘的真正朝聖，原本希望土耳其、希臘、埃及一次走完地中海古文明諸國，無奈假期不夠長，重點著重在後面接續的埃及行程，於是硬是在冬天獨自前來，對於希臘愛琴小島而言，現在正是超級淡季。科斯島上的阿斯克勒庇神廟Asklepieion遺址，便是相傳師承醫學之神阿斯克勒庇俄斯Asclepius的現在西方醫學之父希波克拉底，醫治病患的地點，如今無法考證關於傳說的真偽，身為習醫的醫學生這是個值得前來朝聖的所在。

科斯島屬於希臘羅列在愛琴海上的眾多小島之一，雖屬希臘，卻幾乎緊靠著土耳其的海岸

2007-02-15（四）
雅典Athens → 科斯島Kos → 雅典Athens

冬天搭飛機來的，也許只有我一個人吧。

廣場旁的博物館就在那，我是第一個今天來參觀的人，燈都還沒開，管理員替我把裡面的門都打開和開燈，這裡的展物看起來就「更有歷史」了，風化嚴重，顏色也很怪異，許多只有下半身的男女雕像，或是沒鼻子的半顆頭，倒是可以隨便拍照，重點展物是一尊希波克拉底[1]的雕像，雖然已缺了右手，但仍算完整，還有外面一入館，地板鑲嵌了一幅巨大的馬賽克鑲嵌畫，醫學之神受到希波克拉底的歡迎圖。

出去看巴士站，問到Asklepieion[2]的車班……

（略）……

到Asklepieion，我第一個想法是，這次我真的把自己弄到鳥不生蛋的地方來了，入口很像有前庭花園的人家，看到有WC竟然是鎖著的，大驚，正當心灰意冷時，往前走，原來售票亭在前面，我是第一個遊客吧，跟售票員講他才去把廁所鎖打開 =.= "。一整區是在山坡上的遺址，我一直往上走到最高的一區，果然可以直接眺望土耳其，書上說只有相距五公里，真想買張船票就這樣踏上土耳其，香料共和國的愛恨情仇就在那。待在遺址區兩個小時，從頭到尾只有我一個人，可以盡情自拍，這裡一大片綠意盎然的草地，草的高度能推估冬季遊客的稀少，隨處都有小花豔麗地綻放，腦中不斷地浮現，「真神奇，醫學發源於這麼一個偏僻清幽的小島坡地上」的念頭。

1 希波克拉底，為西元前五～四世紀古希臘時代的醫師，西方醫學之父。

2 Asklepeion，阿斯克勒庇神廟，為希波克拉底替病患治療的神廟（healing temple）遺址，此字源自醫學之神Asclepius阿斯克勒庇俄斯之名。

線，從希臘首都雅典搭飛機航行將近一個小時，若從土耳其邊境港口搭船，卻不過十分鐘便能抵達。從阿斯克勒庇神廟遺址眺望海岸線，清楚可見屬於土耳其海岸線邊上的建築，希臘到土耳其，歐洲到亞洲，僅僅隔著五公里的湛藍海水。

二〇〇七年的我，在刺骨海風中沐浴著地中海冬季的暖陽，以觀光客之姿來此，那時只在乎沒有簽證讓我能踏上土耳其宣示到此一遊的遺憾；二〇一五年九月三日，一張令人怵目驚心的照片，海嘯般佔據全球大大小小主流媒體和社群媒體版面：敘利亞難民紅衣小男孩屍橫土耳其的海灘上。新聞報導提到敘利亞難民必須從土耳其搭船偷渡到希臘科斯島進入歐洲，我腦中隨即浮現那個晴天的冬季午後，開開心心在遺址上自拍，指著身後宛如觸手可及的土耳其海岸線，這裡就是歐亞之間的最短距離，也是敘利亞難民逃離戰亂地獄進入歐洲庇護的最短路線，超載的橡皮艇翻覆了，難民們的生命與希望也淹沒在靛藍的地中海之中。

愛琴海諸島的旅遊旺季是夏季，有許多渡輪班次可以選擇，許多餐廳、商店、旅館都位於港口附近，冬季則一切停擺，沒有渡輪航次，餐廳幾乎皆關閉，連前往最有名的阿斯克勒庇神廟的公車班次，回程都還得事先拜託公車司機約好某一班次特地繞上山來載人。沒有渡輪，冬季前往的方式就只剩搭國內線愛琴航空，而機場坐落在島的另一端，與港口、市區相距一段距離，接通機場和市區的公車，就那麼一班配合班機航班時間，在我還在小小的科斯島機場企圖找付費置物櫃的同時，唯一一班前往市區的公車就開走了。

寥寥無幾的到站乘客領完行李後，機場工作人員竟如鳥獸散般地瞬間消失，連想找個人詢問的機會都沒有，停在機場門口的計程車司機，一邊悠閒抽著煙一副吃瓜觀眾的表情，彷彿已觀察了我好一會兒，等我確定找不到任何其他人可以詢問的時候，往他走近時，臉上那副表情清楚寫著「我吃定你了」，在我翻了翻旅遊書的地圖，確定自己不想大老遠來科斯島，卻得背二十公斤的大背包走二十三公里進市區，討價還價後二十歐元還是忍痛付了，那時還是個一歐元兌換四十五元台幣的年代。（儘管比起多年後在挪威搭了台幣八千元的計程車，這似乎不算什麼了，笑。）

進到科斯島市區，這裡是邊境之島，島上隨處可見軍人，感覺宛如置身金門或馬祖，計程車司機讓我把礙事的大背包行李寄放在港口的計程車站裡，我得以輕裝在科斯島上觀光，向計程車站旁路邊一位正在刷油漆的阿伯Aris問路，他看上去慈眉善目，順便聊了幾句，我便去逛博物館。

結束科斯島一日遊，傍晚準備再回二十三公里外的機場搭機離開，回到計程車站取寄放的大行李時，正當我準備去搭下午唯一一班前往機場的公車時，Aris表示他現在有空可以載我去機場，在車上還聊天聊到他太太是老師，到此為止，一切都還正常。直到他突然把車開離通往機場那條主幹道時，告訴我要帶我去看愛琴海岸。我察覺到一絲不對勁，腦中開始閃過各種接下來可能發生的事，我該如何閃避、該如何脫逃、該如何反擊……察覺對方的不軌意圖，一面想著如何不激怒對方，一面想著如何能全身而退，一番虛與委蛇，儘管最後成功哄騙對方及時把我載到機場，順利搭機離開。沒料到，對希臘的一切好印象在最後一刻破滅，竟在停留希臘的最後幾個鐘頭被強吻，帶著「気持ちが悪い！」[3]的心情逃離希臘。

3　日文，某種東西很噁心、很髒，不要靠近，帶有強烈抗拒之意。

希臘簡直是貓的國度，大小城鎮隨處一個轉角都能遇見喵星人。

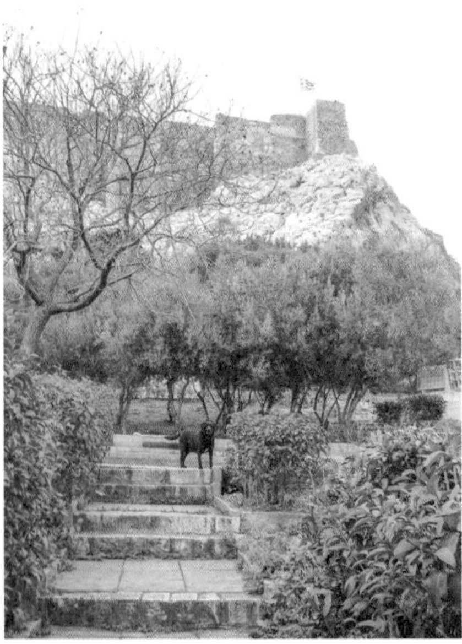

衛城山腳下一處小公園，小黑瞧我在吃東西，歡天喜地地跑來搖尾巴乞食，我給了牠身上最後半顆的台灣福記鐵蛋。

雅典城市即景，選擇住宿在有露台的旅館房間，一面啜飲希臘咖啡，一面抬頭即能看見高立山頭的雅典衛城，彷彿沐濡在雅典女神的庇護。

雅典憲法廣場前的衛兵交接。

前往德爾菲遺址，即將抵達前的山谷景色，這裡是希臘神話裡傳說天神宙斯派了兩隻老鷹，分別從世界的兩端飛起所相遇的應許之地 —— 世界的肚臍。

德爾菲遺址，古老神殿殘存的石柱依舊聳立在岩壁圍繞的山谷間。

歷經幾千年仍舊保持完整的神廟，坐落在荒煙蔓草的山谷間，
冬季時節僅有三三兩兩的遊客經過。

從旅館頂樓的早餐廳，暨能眺望雅典衛城，亦能俯瞰雅典全市市容。

在柏林歌德學院一同上德文課的同學，和希臘歌劇家Panayotis 相約在雅典碰面。

走在雅典的巷弄間，隨處一個轉彎拐角，便有歷史悠久的古蹟映入眼簾，當年攜帶信用卡大小的小數位相機和章魚式腳架，便能隨心所欲地自拍。

雅典市區有熱鬧的市集，我在此處購買了藝術家現場用不鏽鋼絲折出我英文名字的希臘字母拼音項鍊。右上方遠處依然可見雅典衛城。

廣場前巧遇陳情抗議遊行，隊伍一離開，竟然有清洗馬路的卡車旋即跟上清掃，宛如船過水無痕。

路上誤以為我是日本人而搭訕我的希臘人，與哈利波特有幾分神似。

因為冬季船班沒開，港口原本夏季時高朋滿座的咖啡座，空蕩寂寥。

阿斯克勒庇神廟遺址，是相傳現在西方醫學之父希波克拉底醫治病患的地點，希波克拉底師承醫學之神阿斯克勒庇俄斯。

希臘散落在愛琴海上眾多的島嶼之一科斯島，島上制高點坐落著希臘醫學之神阿斯克勒庇神廟遺址，從這裡能夠輕易望見相隔僅五公里的土耳其海岸線，正因為距離之近，二〇一六年成為敘利亞難民從亞洲偷渡入歐洲的入口，卻也成了舉世聞名的敘利亞難民紅衣小男孩罹難之處。

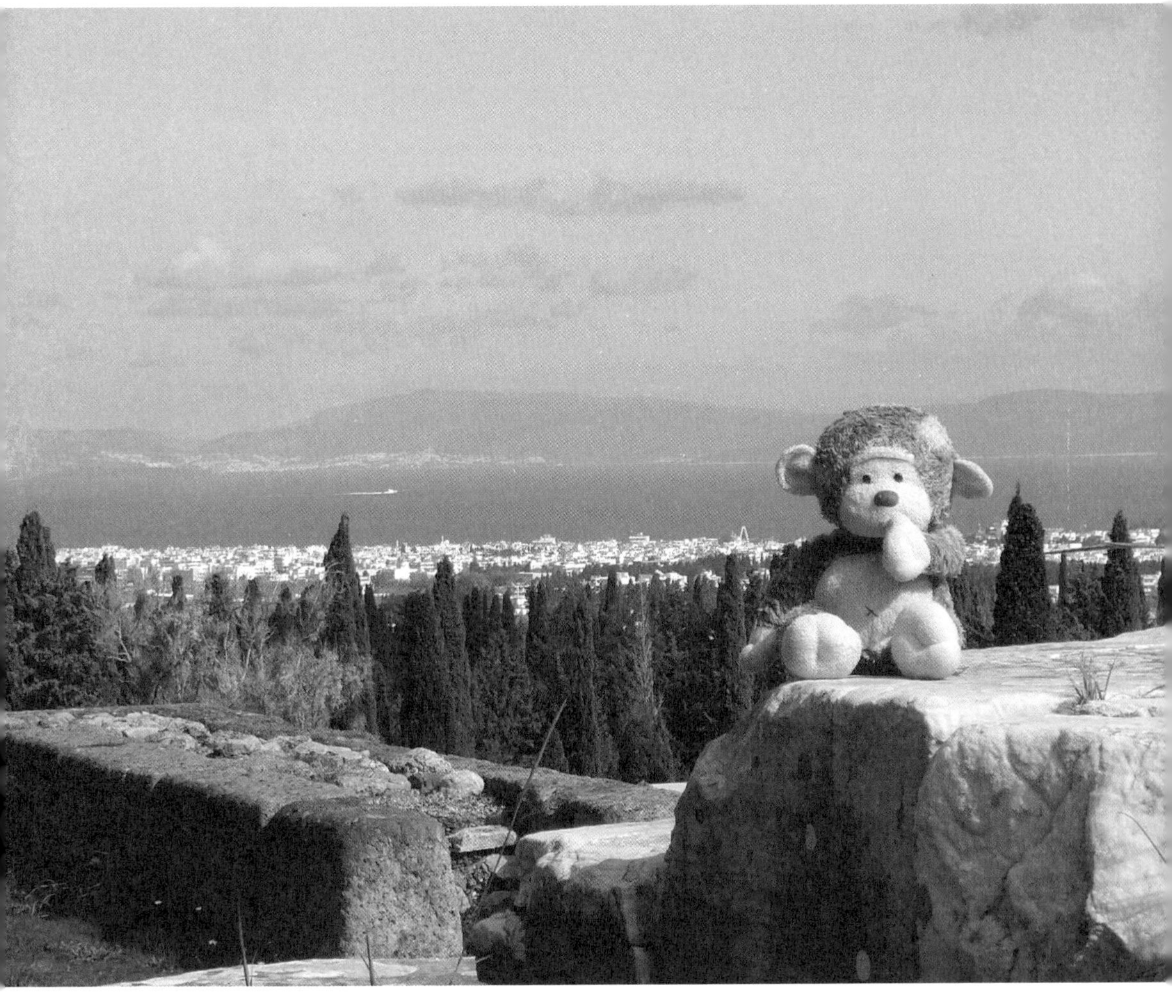

08

二〇〇七年二月

埃及

第一次穆斯林國度自助旅行

「從機場標示開始，
出現完全無法辨識毛蟲樣蠕動的文字，
到街上各種人車往來，
混亂嘈雜卻又自帶一種令人摸不著頭緒的秩序，
人們的熱情讓像我們這樣的外來者分不清真偽。」

Egypt

埃及

2007 2/16 ~ 3/4

Ferry
Bus
Train

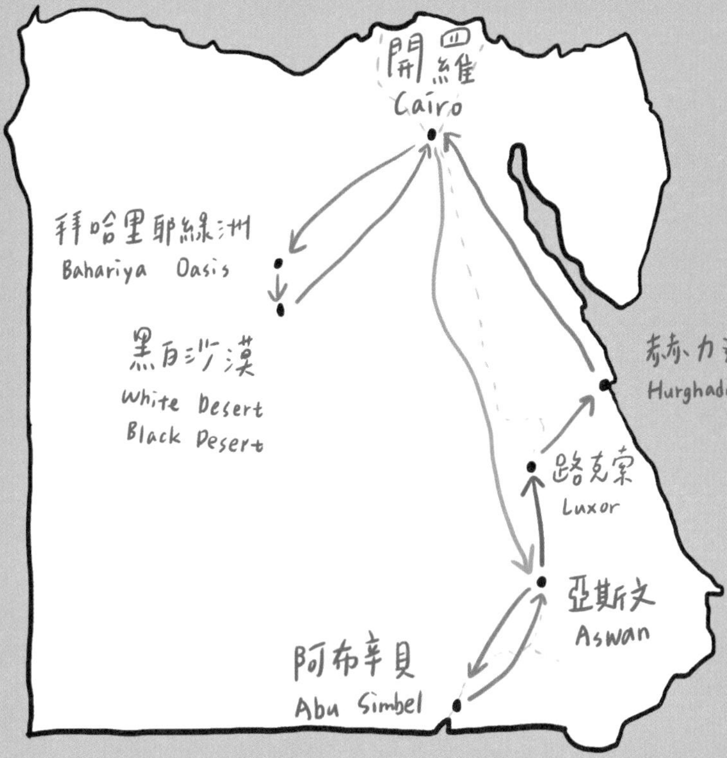
開羅
Cairo
拜哈里耶綠洲
Bahariya Oasis
黑白沙漠
White Desert
Black Desert
赫力達
Hurghada
路克索
Luxor
亞斯文
Aswan
阿布辛貝
Abu Simbel

2007-02-17(六) Cairo→Bahariyya Oasis

將近四點，搭計程車去el Torgman station，出去外面一位長型迷你巴士的司機招攬生意，他似乎其實搞不太清楚路，這裡司機都很愛隨手問其他司機或路人，要不就是隨口聊上幾句，很神奇。到巴士站，有兩家公司，我們要買票一開始沒票，然後過了十分鐘，突然有說有票了 @__@||。無所謂，反正最後有票就好了。

我們搭計程車回去，想先到附近找便利商店買東西，路上看到一條街竟然有連著三家很大賣滅火器的店，就在街上晃的時候，還遇到當地人跟我們搭訕，一直說要提供工作機會給我們 =__=||，後來索性問他們附近哪裡可以買吃的，我們打算帶去綠洲和沙漠的糧食，他們說賣吃的店前面兩分鐘就會到，我其實一點都不相信他們走路的速度兩分鐘會到。

#掮客戰爭

半年前的夏天，我告訴我老爸，「這是醫學生最後一個暑假，我必須好好利用，以後再也沒有機會可以出國長途旅行」。一整個暑假從波蘭、柏林一路自駕過義大利，返台後，我又告訴我老爸，「半年後的寒假，是醫學生最後一個寒假，我必須好好利用，以後再也沒有機會可以出去長途旅行」，決定前往希臘和埃及，印象中的埃及，屬於自助旅行界的大魔王，充斥掮客、騙子、規則就是沒有規則，當時的我沒有信心能獨行。

我把當時廣為流行的通訊軟體MSN上的暱稱，更改為Is there anyone wanna go to Egypt with me?（有人想跟我去埃及嗎？），可惜身邊熟識有意願的朋友，幾乎無人同時有時間有旅費能一起前往，轉而在網路論壇平台PTT尋找同行人，巧合的是我打算發徵旅伴文的前一日，正巧有兩名年齡相仿的男生H和K也正在找旅伴，後來我又找到我自助旅行啟蒙師Yvonne的同學Megen，最後四個人結伴成行。

雖說是結伴，至埃及前，我先行去了一趟希臘，回顧從希臘最後一天到抵達埃及的第一天，現在都難以想像當時是如何度過的，在希臘的最後一天清晨五點起床準備去搭國內線航空前往科斯島，一日遊結束前遭遇差點在愛琴海岸邊被劫色的強吻事件，晚間班機飛回雅典準備轉搭凌晨的班機前往埃及，在雅典機場的廁所又遇見怪大嬸。

疲倦不已的我，在班機上昏睡死，空服員放棄叫醒我用餐，以往大多時候抱怨搭飛機航行時間太長，此時卻是無奈為何從歐洲到非洲只需要兩個多鐘頭，離開雅典是凌晨，抵達開羅依舊是凌晨，原本打算領完托運行李，先在機場海關裡的休息區座椅稍作休息，等待天亮再搭車進市區入住旅館，至少入境前的海關區域是無法自由進出相對安全的地方，不料這一切計劃很快就被打壞，發現原來開羅機場的設計，是提領行李的轉盤區就出關入境了，花了十五美金購買兩張像郵票的印花，這便是簽證Visa，一領完行李出去便要在體力近乎耗竭的時刻，面對蜂擁而至的掮客。

一名計程車司機上前來招攬，他告訴我另外有一個日本男生要去市區，可以併車，我想起稍早前注意到整個航班上除了我以外，有看見一名東方面孔的男子。我決定先和日本男生討論，他在東京念書，打算在埃及待上一個月，什麼住宿都還沒有訂，他的樣子看上去像是大學生，我告訴他我十年前去過日本，只記得東京迪斯耐樂園，他告訴我他八年前去過台灣，只記得鼎泰豐。啊，我們各自表淺又膚淺的兒時旅遊記憶點，卻遠在埃及，短暫一瞬間碰撞出單純又可愛的台日友好。

不過我們與埃及掮客的戰爭，卻正剛開啓。我告訴日本男生我問過機場人員，早上六點才有巴士進市區，還要兩個多鐘頭，我事先訂了一家青年旅館，計程車司機推薦了另外一家旅館，表示載我們去他推薦的旅館和我訂的青年旅館都看看，我們再做決定，最後司機載我們到他推薦的旅館，表示這間便宜又好，旅館老闆給我們櫃台上表定的半價價格入住，當下的情勢，看樣子司機掮客擺明不會帶我們去另外一家青年旅館，半價後的價格的確比我事先訂的青年旅館房價便宜，日本男生決定住下，疲累不已的我也只想倒頭就睡。

雖然掮客食言，不過事後來看，他推薦的旅館確實比我原先訂的青年旅館好，但是突然決定更換住宿，我才想起一件非常重要的事，得趕緊通知剛正準備從台灣出發來會合的其他三人，否則他們可能隔天在另外一家青年旅社會撲空找不到我。旅館老闆人蠻好的，凌晨五點多，特地幫我將電腦開機撥接上網[1]，一小時五埃鎊（當時約合台幣三十元），加上住宿的金額還是划算，無法辨識中文字的狀態下，透過MSN大頭照上金字塔和駱駝的照片找到H的帳號，我告訴H我臨時更換住宿地點的事，謝天謝地，K和Megan當時已經離線前往機場，只剩H因為家裡離桃園機場較近，距離班機時間剩不到三個小時，他告訴我，他本來正準備下線去機場時，剛好我傳訊息攔截了他。鬆了好大一口氣，終於能好好睡上一覺。

睡到下午一點才出門，決定先覓食和買電話卡，聯繫柏林歌德學院認識的另外一位同學開羅人Ahmed。沒想到走出房門，櫃台人員詢問我是不是還沒有吃早餐，要不要上去頂樓露台餐廳用早餐，下午一點還主動提供早餐的旅館，對這間旅館好感度大增。

用餐到一半，來了一位很漂亮的東方女生，穿著打扮相當美式風格，感覺得出來她似乎和旅館員工熟稔，忍不住搭訕，Reiko是個念法律的日本女生，以前來過埃及住過這裡，這次是要去肯亞教英文，順道先來埃及待個幾天，又再次入住這間旅館，當下讓我更加確定這是間好旅館。儘管我骨子仍然相信，有人說的「天上掉下來只會有鳥屎」，千萬不要太相信來路不明、別人主動提供所謂的好處，但是事實證明，世界上還是存在好人和有良心的掮客。

1 撥接上網，又稱撥號連線，一九九〇年代網路剛興起的時代盛行的網路連線方式，透過撥通本地電話經由數據機傳輸數據連接到網際網路，撥接連線時會發出特殊的連線撥號聲，由於速度慢、價格昂貴，二〇〇〇年代中後逐漸被速度快、價格相對便宜的寬頻網路取代。

四海之內皆兄弟

2007-02-17(六)
開羅Cairo → 拜哈里耶綠洲Bahariya Oasis

下去樓下等Ahmed，我跑去了打了兩次電話，第一次他說3 minutes，過了十分鐘已經五點半了，我又跑去打一次，他說：Beckey, I'm here！嗯，埃及人的時間真的不太一樣，永遠記得乘上五倍才是真正的時間！我們趕緊搭計程車去巴士站，又有點塞車，到的時候已經接近六點了，上車放行李還要給服務人員小費，所以記得要隨身準備一埃磅的小鈔給小費用。

匆匆忙忙弄上巴士，總算在車上安頓下來，這時候才有機會替Ahmed和大家互相介紹。巴士的座位和台灣一般的遊覽車一樣，是一排四個座位的那種，在台灣坐慣了統聯、和欣的大座位巴士，覺得有點擁擠，整車幾乎都是當地人，Ahmed問坐在前面的人說大概五個小時會到，開始發覺埃及人的習性，他們真的可以很隨性地就跟陌生人聊得很熱絡，對我們來說是很神奇的習慣，也許是在台北習慣了冷漠，反而不習慣這種四海之內皆兄弟的熱情。

來到埃及，接觸的一切令人感到是個全然不同的世界，從機場標示開始，出現完全無法辨識毛蟲樣蠕動的文字，到街上各種人車往來，混亂嘈雜卻又自帶一種令人摸不著頭緒的秩序，人們的熱情讓像我們這樣的外來者分不清真偽，喔，還有對時間觀念的認知全然不同，即便是像

Ahmed這樣家境良好，十八歲便能到德國遊學念德文也算是較國際化的開羅人，起初我也是花了一些時間去適應他，埃及人說的三分鐘其實是十五分鐘、二十分鐘，試著放輕鬆慢慢來。後來才發現，原來他家離開羅市中心有一段距離，車程約四十分鐘，大概就是我跟人家下班時間約在台北火車站，但是對方其實得從二十公里外的淡水出發過來的概念。

台灣旅伴抵達會合前，我聯絡上開羅同學Ahmed，半年未見，險些認出不來，在柏林的時候，他給人的印象，是個看起來黑瘦身材精實、平頭短髮、去哪都隨身帶著水菸壺的埃及人，現在我眼前的他有著一頭捲髮、蓄著些許落腮鬍，體格明顯壯碩許多。第一時間我愣了一下，才吐出一句，"You look …… different!"（你看起來…不太一樣！）如果他沒出聲叫我，絕對認不出來。他笑著說，之前在柏林覺得食物太難吃總是吃很少，現在的樣子才是他原本的樣貌。

赫赫有名的埃及博物館就在附近，這時間博物館已閉館，沒有別的目的地沿著尼羅河畔散步聊天，Ahmed帶我去一家餐廳，他大力推薦Kebab，點餐完，後來餐點來了一大盤沙拉、一盤白醬通心粉macaroni、一盤薯條還有一盤滿滿十來塊的肉塊和肉泥條，還有一籃會出現在每餐埃及餐點上的薄餅pita，我以為那一大盤肉是Ahmed要吃的餐點，他告訴我他在家裡吃過了，桌上所有的餐點都是點給我吃的，當下下巴快掉到十八層地獄，我告訴他這些餐點我大概得分三餐才吃得完，他告訴我他一餐吃得下這些兩倍分量的食物，一瞬間秒懂為何他現在和在柏林時會變化如此劇烈。

隔日台灣的旅伴H、K和Megan抵達，找到我住宿的旅館一起會合。啊，好久沒有說中文，離開台灣不過十天左右，卻深切感到經歷過的事情好像度過了極為漫長的一段時日。

年輕時旅行，走行程相當有行動力，大夥會合後，在旅館裡，旅行社掮客一直來找我們推銷行程，其他三人早上剛抵達開羅，討論完決定搭當天傍晚的巴士出發去參加黑白沙漠露營的行程，Ahmed下午兩點下課，臨時告知他我們的決定，他決定跟我們一起旅行，傍晚他前來車站與我們會合，隨性地帶了只輕便的小包，但卻帶了一本很厚的書隨身看，後來更讓我驚訝的是，隔夜我們在沙漠裡露營過夜時，他從他那看起來容量真的很小的包裡取出一條跪拜毯，對著麥加的方位跪拜，對某些人，生活裡知識和宗教是一天都不可或缺的，讓我認真地想了想，我的背包二十公斤究竟裝了什麼，究竟自己人生裡什麼是重要到無法捨棄的，沉重的背包背的究竟是真正重要的東西，還是只是對生活物質的欲望呢？

出發前往沙漠露營，六個人外加司機兼導遊和廚師各一名，總共八個人塞進一輛箱型車裡，此外還有柴火、帳棚、炊具、大家的行李等等，顯得擁擠，不過也因為有Ahmed的陪伴和在長途巴士遇見同路的挪威攝影師Nicolai的同行，在沙漠中的行程更加有趣。司機讓大家選擇要在咖啡廳吃午餐，還是在花園裡野餐，我們選擇了野餐，野餐墊鋪在一處很像住家後院的樹林間，一旁拴著一頭只要K拿起單眼相機想拍牠就會把臉撇開的驢子。

午餐的內容是pita加蕃茄起司沙拉、鮪魚沙拉，還有埃及茶，之前第一次喝埃及茶時，見識過Ahmed的典型喝法，茶端上的時候，一定會附上一盅糖，只見Ahmed熟稔地舀了三大匙加進茶裡，察覺到第四匙的時候他才稍微遲疑了一下，再加了半匙糖，埃及紅茶通常盛在透明玻璃杯，可以看見超過溶解度的糖晶沈積在杯底，形成鮮明的分層，最後再加新鮮薄荷葉到茶裡一起喝。

Nicolai拿出尼古丁含片，早餐的時候我問過他那是啥?是北歐瑞典和挪威北部生產的具有類似抽煙效果的東西，這倒不錯，很像抽煙但是又不會危害別人吸二手菸，他問我要試看看嗎，我立刻說好，他說我是他遇過少數願意嘗試的人，我把含片塞在上腭和牙齦間，大約過兩分鐘刺刺辣辣的物質溶出釋放，跟檳榔有點像，過一下子我就吐掉了，不過倒是不會頭暈，其他人嘗試表示感覺飄飄然、暈眩之感。

埃及司機也拿出埃及香菸來請大家，用樹枝引燃點菸看起來很炫，那包菸上有埃及圖騰的圖案，我想試試埃及的菸，嘗試抽了一根。這是我人生中第三根菸，第一根是八歲的時候，在隔壁米店的鄰居家，一群年齡相仿的屁孩們，偷抽大人的香菸，當時我吸了一口，嗆咳了好一會兒；第二根是大學二年級時的小組討論課，身為耳鼻喉科教授的導師教我們體驗抽香菸和嚼檳榔的滋味，透過自身的體驗試圖理解病患的成癮習慣，抽完了菸，我更加無法理解為何許多病患喜歡抽菸；而這第三根埃及菸，意外發現直接抽的菸味道是順口的，不像吸到別人抽的二手菸有股會令人頭痛作嘔的刺鼻味道。

黑白沙漠露營行程的獨特之處，在於一別普世對沙漠應當黃沙滾滾的刻板印象，可以一覽火山玄武石礫構成的黑沙漠，與經過萬千年風化形成蕈菇狀石灰岩層地貌的白沙漠。有日照的時間多在移動與拍照，天將暗下，司機和廚師找到定點，迅速地紮營、升營火，我們先去拍照，又用手電筒的燈光對著大石岩塊玩起了影子遊戲，K也架起了腳架拍攝星宿圍著北極星逆時針轉動，廚師煮飯又煮雞再碳烤肉串，還有燉煮馬鈴薯，煮好的時候不知道幾點了，大夥早已飢腸轆轆，一下子就吃光光，這趟出國以來，第一次完食餐盤裡的食物，Ahmed竟也注意到了這件事，我反倒擔心起是否之前那一桌食物未完食對埃及人是不禮貌的行為。

「飯後一壺菸，快樂似神仙」，正當這麼想著，「現在適合來壺香甜的水菸啊」，不知何時司機大哥已拿出水菸壺架好，蘋果口味的菸草非常香甜，大家每人輪流抽幾口，Megan、K和H都是第一次抽，嗆得不得了，幾次之後H便上手了，出國前H認真質疑我和Megan要扛水菸壺回台灣的真心與決心，現在連他也想要扛一支埃及水菸壺回台灣了（笑）。

飯後我打算去上廁所，沙漠露營時，所謂的廁所，是以銀河為燈，以沙為馬桶。我走到大約距離營區幾十公尺處的石塊後才解放，返回的時候，原想說只是往原方向走而已，摸黑應該也走的回去，未料夜晚沙漠無盡的黑，一下讓人失去方向感，被放大的空曠感讓身邊的景物突然變得極度陌生。沙、岩和一望無際的黑闇與星空，四周只見遠方有幾處營火微弱的光線和音樂節奏聲，但是聽起來都很遙遠，也辨識不出哪一個是我們的營地。我當下慌了，近乎想大叫起來，或是希望有誰能夠發現我失蹤好一陣子而來找我，那種在沙漠黑暗中失去方向感的恐懼感，大概就是無助兩個字了吧。

我忐忑不安往某個看起來很遠的營火光走看看，想說就算不是自己的營區，好歹還是能安身一下，夜裡沙漠因為輻射效應其實是相當低溫，我不想凍死在沙漠裡。待走進一定距離內，我認出了營區旁的那塊大家在玩影子遊戲的大岩塊，走更進時聽到Megan和廚師大哥在玩殭屍拳的划拳聲，一時之間感動不已。我看到營帳後方無光害的地方看星星，沙漠中寒冷的北風吹在臉上，這樣繁星點點的星空，令人心中泛起一陣浪漫，希望能有某個人靜靜移動腳步到身邊坐下一同看星星，可惜沒有這樣的人。

直到十二點準備就寢，我穿了四層衣服睡在羽絨睡袋裡，等大家都躺好了之後，司機和廚師大哥替大家蓋上兩三層厚厚的毯子，就熄燈睡覺了。我還用了兩包暖暖包，Megan說要看見三顆流星才肯入眠，我睡覺前二十分鐘不小心就看見了四顆流星，睡覺前就聽見右邊的H呼吸聲規律而深沉，左邊Megan更過去的K也微微地打鼾了起來。

清晨四點半，竟在寒冷夜間沙漠中被熱醒，滿身是汗，一醒來一股強烈想上廁所的感覺襲上，身上被蓋了幾層毯子重壓著，起身的時候得十分小心，為了避免返回時不慎踩到別人，我拿粉紅色的防曬外套作標記舖在我睡的位置。上完廁所回來之後，特地吹一下冷風讓身體降溫，再沿著剛剛舖的粉紅外套踩，鑽回自己的位置，望著星空竟然看見一顆低速前進的星星。我很仔細地盯著那顆星星以確認自己沒有眼花，它花了大約四十秒移動在約與地平線夾角四十度左右的視野中緩慢前進，最後消失在地平線邊緣的微光裡。應該是隕石吧，當時的我完全不曾想過未來的自己，會因為拍攝極光，進入極圈數十趟，有機會目睹成千上百的流星刻畫過自己拍攝的夜空天際。

五點聽見K的鬧鐘，六點竟有點睡不著，留意到H也起床了的窸窣聲響，坐起來沒一刻光景Nicolai也醒來，Nicolai偷偷告訴我，Ahmed跟他說昨天晚上因為太冷睡不好，我則告訴Nicolai我昨天半夜睡到熱醒一事，接著從睡袋裡掏出兩包發燙的暖暖包丟給Nicolai，他們很驚訝，頭一遭知道有這種神奇的東西。

這裡是埃及

2007-02-18(日)
拜哈里耶綠洲Bahariyya Oasis
→新白沙漠New white desert

洗好澡之後一邊整理行李就一邊和Megan聊天，不知不覺收了兩個小時還沒收好，先去吃早餐再說。早餐是水煮蛋、pita加果醬，吃到一半Megan先回去收行李，挪威攝影師Nicolai來問我早餐如何，我猶豫了一下回答他：it's ......OK. 後來他的早餐送來了之後，看到是pita加果醬，他一邊狂笑一邊拍我的肩說，他現在明白我為啥會說it's OK了。原本估計十一點半出發，最後拖到十二點半才出發，well，我們開始習慣：這裡是埃及！

從綠洲回到開羅，我們搭了十二小時的臥鋪火車前往亞斯文，往南跨越整個埃及，會前來此地的旅行者，最終的目的地是幾近埃及蘇丹邊境交界的阿布辛貝，稱得上除了金字塔以外，全埃及數一數二的必訪之地，這裡有古埃及史上領導最輝煌盛世的法老王拉美西斯二世所建造的神殿。

古埃及文明引人入勝，在於處處顯示當時文明的智慧，像是在亞斯文的大象島留有計量尼羅河水位的刻度階梯，根據當年河水水位估測氾濫情形和範圍，決定隔年課稅徵收的稅率。我想像了一下，數千年以後的新人類生物，是否會讀著關於雙千禧時代的歷史文獻，那個年代的人類會人手一台稱為手機的設備，使用著所謂社交平台的軟體發廢文講幹話，還曾經發生過新冠肺炎病毒瘟疫，替地球減緩人口擴張過速的壓力，替這些考古內容感到新鮮有趣。

拉美西斯二世這位埃及史上最偉大的法老王，看上了這塊和蘇丹相鄰終年陽光普照沙漠氣候的努比亞大地，便在這裡臨著尼羅河畔建造了阿布辛貝神殿。古時候的努比亞國是和埃及相鄰交流密切的另一個國度，一九五〇年代力求埃及現代化的埃及總統，推動建設亞斯文大壩，現今的阿布辛貝神殿在當時聯合國教科文化組織學者的奔走主導發起搶救計劃，引起全世界各國注意響應，幾番協議採用瑞典方案將神殿切割成一〇三六塊，耗時五年往西一一〇公尺、往北六十四公尺遷移至現址，而神殿、聖堂以外，多數努比亞村落如今已然湮沒在因建設大壩的蓄積湖水裡，文字描繪得輕鬆，一甲子前埃及建設亞斯文大壩前後那光景，在那塊土地生存的人們被迫遷徙，或許在關注長江上游築起三峽大壩前後這二十年來的新聞報導，多少能夠想像得出來。

幸運被保留下來的阿布辛貝神殿，在每年二月二十二日和十月二十二日這兩日，陽光光束會穿透進最深處的至聖所，照耀在四尊神像上，神奇的旅伴們在安排行程時，已將這個神聖的日子計算入計劃中，那天一清早從亞斯文搭四個鐘頭的巴士抵達，我們在推擠的人龍中，宛如放任自己在氾濫的尼羅河中隨波逐流，由不得自我意志控制往哪個方向移動，順勢而趨就會推往面容映照著聖光的神像前，旋即又被隨流帶走。

阿布辛貝聖地儘管是國際文教遺址景點，卻因地處於蘇丹交界的偏荒之境，治安不佳，除了對輝煌壯偉的神殿之外，留下最深刻的印象，不外乎往來亞斯文和阿布辛貝的交通巴士，舉凡埃及人以外的外國人士所搭乘的觀光巴士、吉普車，車列前後皆有荷槍實彈的埃及軍用車壓隊護送，當時還是學生的我們，感受人生中數一數二受到國家級隆重接待的待遇。（笑）

埃及，異國文化衝擊爆棚的國度，有著難以數盡的古文明遺跡量，使人沈浸至悠長遠古的夢境，實際上，卻又會被一大清早不到五點擾人清夢的叫拜聲廣播吵醒，穆斯林做禮拜時的虔誠和寧靜祥和片刻，與充斥偷騙擁擠嘈雜的市集，有時候，令像我這樣外來的旅人，倍感矛盾混淆。我認識的穆斯林有像Ahmed這樣虔誠、恭謙有禮和體貼的埃及人，卻也不乏有一直對走在路上的外國女子猛按喇叭輕浮搭訕的埃及人。這裡有沙漠地質奇觀，有地中海氣候的希臘文化古城亞歷山卓，卻也有相傳摩西出埃及時海水一分為二的紅海潛水勝地，當時我在赫迦達經歷了人生中第一次的體驗潛水，在冬季氣溫攝氏十二度、水溫不到二十度的紅海中，險些失溫差點與法老見上一面。

自己再次隨著過去的記憶旅行一次埃及，發覺記憶點最強烈的，一直都非景點本身，而是當下互動的人物與事件。曾經一同密切一起走過生命中某個時刻的那些旅伴，有些已然失聯，有些依舊十幾年來三天兩頭互相傳訊說幹話，聊著言不及義卻舒壓的話題，每一趟自助旅程，其實也是人生旅程的縮影。

二〇〇七年二月 埃及

機場掮客推薦的開羅旅館，遇見美式風格打扮的日本女孩Reiko，倒是合照中我看起來比較像日本人（笑）。

前往黑白沙漠兩天一夜的露營，行程包含司機和廚師，騎驢的小朋友，呃…只是路過。

在柏林歌德學院就讀時認識的隔壁班埃及同學Ahmed，在柏林時，他到哪裡都帶著他的水煙壺抽水煙。這趟埃及之行，有一半的日子，多虧他當地陪，在規則就是「毫無規則」的埃及，身為觀光客的我們，省去大量的麻煩。

四海之內皆兄弟，埃及人相當容易在路邊就和人熱絡地聊起來了。

沙漠入夜後氣溫驟降，且除了營火和遠處別人的營火外， 一片漆黑，
若想上廁所，必須從擋風屏帳後方摸黑走到遠處去解決。

晚餐吃過碳烤雞腿排飯後，飯
後是埃及紅茶配一壺青蘋果口
味的水煙。

玄武石礫覆蓋的黑沙漠景緻，令人難以聯想到這裡是埃及。

白沙漠是個石灰岩雕的巨型展覽場，前往露營點的沿途，四處皆是造型千奇百怪的白灰岩石。

自詡為戴醫用口罩出國旅遊的先驅（笑），從二〇〇三年SARS那年之後，出國自助旅行我都會攜帶口罩備用，搭飛機防鼻黏膜乾燥流鼻血、開發中國家防塵防沙、炎熱的地區防曬、冰天雪地的地方防寒，以往拍照的時候都會脫口罩拍照，二〇〇七年這張照片是少數留下戴外科口罩的影像。

路克索神殿，埃及給人的典型意象，參觀不完的神殿、墓穴。

白沙漠是石灰岩地形風化形成的地形，比起黑沙漠又更令人無法置信這裡真的是埃及，當年這張日落後在白沙漠的合照，別有情調，自名為「出埃及六人眾」，記錄當下四名台灣人、一名埃及人、一名挪威人的緣分。

挪威攝影師Nicolai問我早餐如何，我猶豫了一下回答他：it's ......OK。後來他的早餐送來了之後，看到是pita加果醬，他一邊狂笑一邊拍我的肩說，他現在明白我為啥會說it's OK了。

夕陽時分的尼羅河，金光熠熠，宛如法老神話般地閃耀。

埃及旅遊號稱必搭的尼羅河郵輪，尼羅河承載著數千年的悠長歷史，至今亦繼續日日夜夜承載著成千上萬的各國旅人徜徉其上。

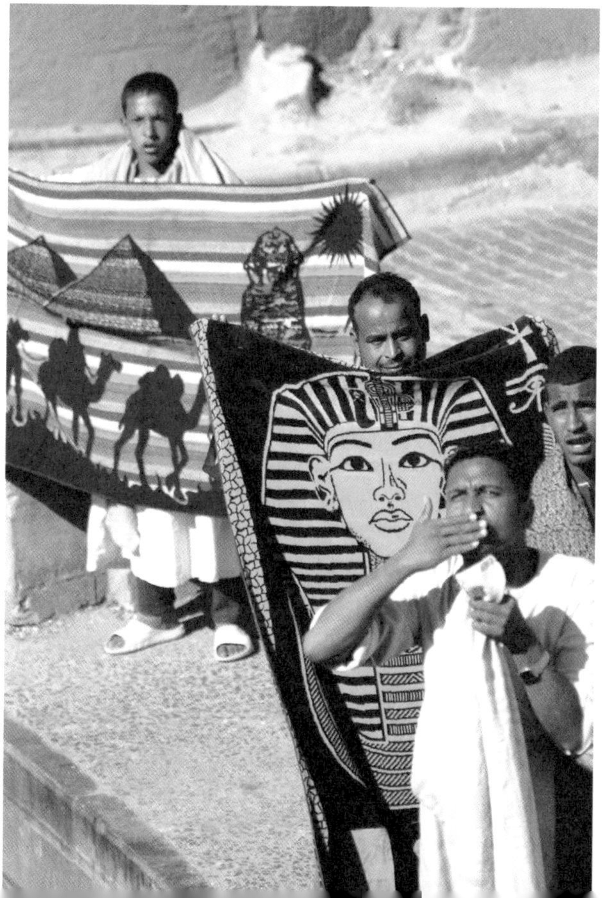

站在岸邊或是搭著小汽艇追著郵輪，對郵輪乘客展示兜售埃及棉製大浴巾的小販，成交後貨物和金錢用拋擲的方式交易，成了尼羅河畔的特殊奇景。

當年阿布辛貝神殿內禁止拍攝，主要是避免遊客拍攝時不小心打閃光燈造成對神殿內文物的破壞，故一律禁止拍攝。當時的我認為不合理，只要關閉閃光燈便不會造成破壞，才留下這張警衛揮手表示「No Photo!」的偷拍照。未料多年後的今日，二〇二三年二月友人前往阿布辛貝旅行，表示現在完全沒有禁止拍攝，入內遊客的閃光燈閃爍不停，不勝唏噓，觀光經濟利益與文物保護的取捨之間，埃及當局者選擇放棄後者。

和小猴一同騎驢眺望開羅的吉薩金字塔，讓我們一起繼續周遊列國。

每年二月二十二日和十月二十二日，陽光會照射進坐落在阿布辛貝神殿最深處的四座神像上，二〇〇七年二月二十二日的清晨，慕名而來的各國觀光客聚集在亞斯文的阿布辛貝神殿前，等待日出。

09

二〇〇八年六月

摩洛哥

第一次不思議異國戀情

「Aziz帶著我離開迪斯可，
他怯怯地笑著，告訴我，
其實剛剛是旁邊的人叫他離開，
或許這已跨越了保守穆斯林領域的風俗底線。」

Morocco

摩洛哥

2008.6/4～6/15

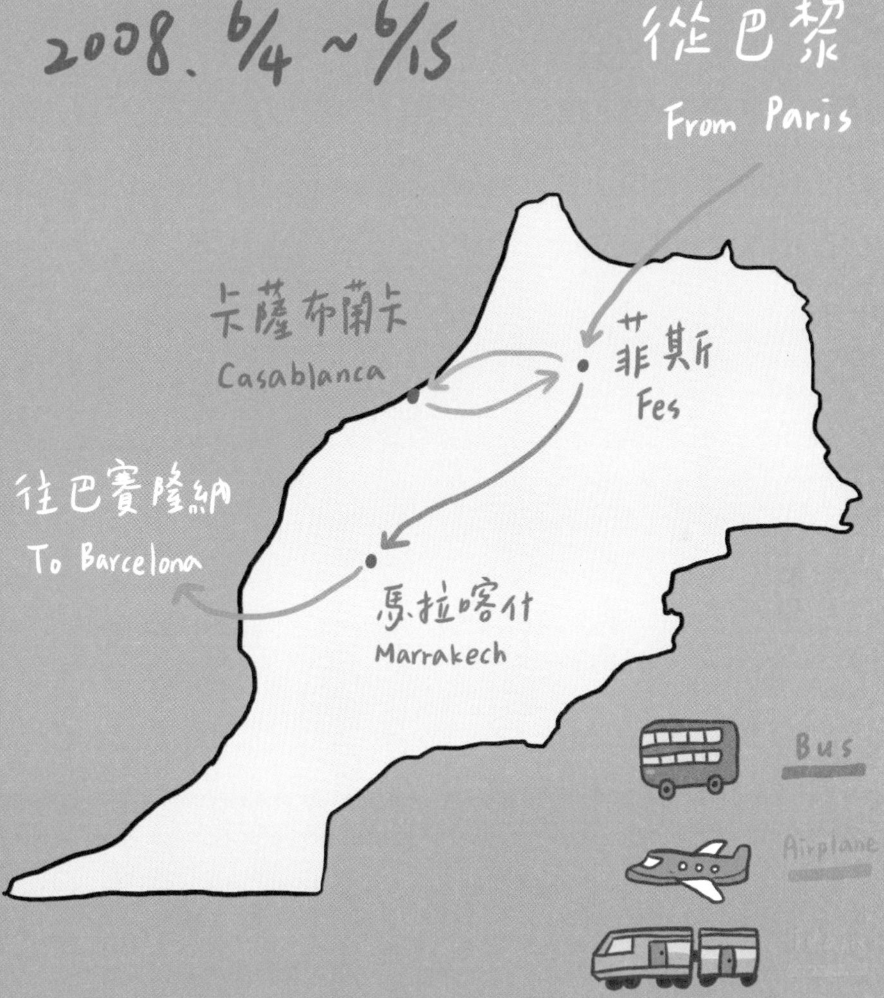

2008-06-04(三) 巴黎 Paris → 菲斯 Fes

（略）

我對於Fes的大街小巷只有灰灰土土的一切，和跟著Aziz腳步的記憶。

我去網咖上網，大姐姐和台灣的大家都不在線上，當地時間19:45，台北應該是凌晨時分，我上網之後和Aziz買kebab，到一家茶館一起喝薄荷茶，Fes大約晚上九點多天黑，露台茶館乘著涼風一邊喝茶一邊聊天，如果能是Yvonne就太好了。

我的人生充滿了被放鴿子，我真的能Survive到何時呢？

讓自己成為自己最好的旅伴

結束在醫院內科病房實習的最後一個值班，匆忙地交代同學拜託幫忙處理後續離院公物移交手續，還有去即將到職的單位，遞交延後上班的說明信，背著大背包，出發前往機場。

經歷早先數次在網路上徵得旅伴的正面經驗，第一次去波蘭是和網友Joy在桃園機場初次見面，第二次是去埃及的旅行，和旅伴K與H雖先在台灣已實體面對面共同討論行程，實際啓程倒是在開羅才會合；而這回預計去法國、摩洛哥、西班牙的行程，和從美國出發的旅伴Ginny，直接相約在巴黎戴高樂機場，也是我和這位未來兩週室友的初次見面。

此次旅程原始版本稱為摩洛哥之旅，我

身邊找不到能共行的人，畢竟身邊大多是同屆同學，不到一個月後就要面臨醫師國考這般重要的人生考試，我只要確定我考得過就好，不求高分，把握每一個不知道未來還是否有機會出國的長假空檔，對當時的我而言，更為重要。

我再次利用PTT論壇管道，覓得兩位同行者S和Ginny，原先預計一起從台灣出發的S，儘管我已幫忙一起替S取得台灣人得大費周章把護照寄去駐日本大使館才能申請到的摩洛哥簽證，S在出發前一週臨時告知，因工作之故，去不了了，而Ginny雖一個月前已發現台灣護照要從美國辦理摩洛哥簽證很可能來不及，在出發前告訴我壞消息：她最終真的來不及取得摩洛哥簽證，換言之，這趟摩洛哥之行最後竟還是我和我自己成行了。

見網友這檔事，不論對象是男女，實際碰面前都足以讓人心跳加速，尤其對方即將在旅途中無時無刻與自己共處一室。我從亞洲抵達戴高樂機場後，才接到Ginny的來電表示，她錯過了原先班機，晚兩個小時抵達，英文諺語Better late than never遲到總比不到好，貼切精準地表達我當下的心情，只會三句法文的我，著實不想在世人普遍評價不太願意說英文的法國自行求生。謝天謝地Ginny出現了，她是個五官緻嫩皮膚白皙的女孩，記憶中她現身時的瞬間，宛如自帶女神的微風輕拂過她俏麗短髮的髮梢。相認後，接下來在我獨自前往摩洛哥前待在巴黎的兩日，跟著熟稔法文的Ginny身旁，如沐春風，不僅在餐廳點餐，亦或在路邊問路，用英文開口與用法文開口，巴黎人的回應態度迥異。

遺憾的是，很快得揮別這樣的美好，兩天後我獨自前往巴黎另外一個機場—奧利機場，從這裡跨越地中海飛往摩洛哥的菲斯，登機後觀察了一下，我是機上唯一一張東方臉孔，機上廣播有阿拉伯文和法文，當時我的阿拉伯文只會一句在埃及學的Salam alaikum（阿拉伯語打招呼用語，和平降臨於你），法文則稍好一些，能說上日安、謝謝和廁所三個單詞，能做個看起來想找廁所、雖然無法溝通至少有點禮貌的外國人。

班機快要抵達前，必須填寫入境申報卡，所幸卡片上有英文，此時坐在我旁邊一對摩洛哥老伯伯夫婦，用全世界通用的肢體語言請我幫忙他們填入境卡—笑容可掬地直接把他們的入境卡和摩洛哥護照遞到我座位的小桌面上，然後對著我點點頭傻笑。

我內心的小劇場吶喊著，「阿伯！我是個法文、阿拉伯文都不會的外國人呀！」我的法文和阿拉伯文字庫搜尋不到任何一句用以拒絕的詞彙，硬著頭皮努力對照表格上和摩洛哥護照上的法文幫忙填寫，大部分空格填完後，有兩三格似乎是要填寫阿拉伯文，我實在擔心填錯會害了他們，只好用誇張的攤手動作回應老伯，順便把護照和空了幾格的入境卡遞回給他，老伯就又拍拍前座的人拜託幫忙填寫，當時覺得太神奇了，辦法是人想出來的，即便不識字，老伯還是可以順利搭飛機。

我也沒想過，未來的人生在世界各地，包括北歐、非洲還是南美的海關出入境幫忙翻譯不下數十次，我由衷佩服旅途中曾經所遇見那些英文完全不通的中國人，能獨自隻身去異地，不論是挪威、智利還是烏干達，不論是去工作還是去找兒女，不只一次，正當原先排在我前面拿工作簽證的中國人，海關問什麼都聽不懂時，他們正困擾該怎麼辦時，讓她站在入境查驗櫃台前等候著，隔壁櫃台海關官員發現我能說中文，請我當翻譯，有一回甚至幫忙翻譯後面約莫七、八個人結束才走，海關人員對我既感謝又抱歉，等我去提領我的托運行李時，只剩下我的大行李箱孤零零地在轉盤輸送帶上。出國不趕時間倒無所謂，因為從以前到現在，出國在外，我同樣一直以來經常受到陌生善心人士的幫助。

有真實的旅伴很好，但是經常礙於現實，會發現能夠陪著自己從頭走到尾的旅伴，可遇不可求，跟人生一樣，不同的階段會出現有共同目標的朋友一起走，然而隨著時光前進，或許改變的是自己，或許改變的是朋友，最終總不免走到旅程的分岔路，我們能選擇違背自己的初衷和朋友一起走，也能選擇勉強朋友和自己一起走，不過我會選擇獨自往自己的路走，因為旅程跟人生一樣都是自己的，在這浩瀚的人世間，肯定除了自己以外，也一定會出現有共識的人，只要堅持自己的路走，必定會有同道中人與自己會合，或許這些短暫出現的同路人，會一起走一小段或是很長的一段人生路，都應該感激在彼此人生中碰出火花的一期一會。我選擇讓自己成為自己最好的旅伴，那個獨行過程中的孤獨，是看清自己人格裡弱點的顯微鏡，時窮節乃見，不僅顯現被他人所知，更是為自己所知的機會。

2008-06-04(三) 菲斯 Fes

飛機平安降落，竟響起一片鼓掌聲！

下機，太陽很大，入境大廳一出去和埃及不一樣，沒有一堆掮客，小小的機場一走出去有標示搭Taxi或Bus，往右走，遠遠停有一輛巴士，看見我背著大背包還招手叫我快點過去，司機的英文勉勉強強，不過他告訴我巴士只到新城車站，離火車站走路5分鐘，太陽誠然很大，坐在公車內還是得戴著遮陽帽。車裡，加上我只有四名乘客。公車到站，下車又是一番打拼，與其說是車站，倒不如說是一些站牌和許多人聚集的路邊，若不是司機告訴我到站，不會知道這就是車站。

我背著大背包，獨自愣在路邊研究半天，LP[1]上的47號公車似乎不存在。有個好心的藍衣女孩會說點英文，她建議我搭Taxi，怪的是這裡有好多計程車，也有很多人搭，來來去去，我卻一輛也攔不到。

最後是好心的藍衣女孩又突然出現，問我要去哪裡，她幫我攔車，也是攔到第二輛司機才肯載！終於，終於，把自己弄到菲斯舊城城門口。計程車司機沒有亂收錢，向我收了跟藍衣女孩說的一樣的金額。

在菲斯舊城城門口遇到Aziz，他說著一口流利的英文（當時還不知道他是誰），說要帶我去旅館，在這個像迷宮的古城簡直像一片黑暗之中透進一道光。到了我事先打電話訂房的那間旅館，竟然表示都沒有房間，啊，又到了一個即便有預訂也不靠譜的國家了。

一直到我臨時找到一家旅館入住，Aziz才表明身分，如果隔天我需要一日在地導遊的話，可以僱用他。在他身上感覺不出強迫推銷，也算是個稱職的翻譯，儘管菲斯算是摩洛哥的國際觀光重鎮，不是所有旅館櫃檯都能用英文溝通，我頓時想像了一下古早年代不會中文的外國人在台灣旅行的模樣。Aziz的英文著實流利，口音對我而言竟也清晰易懂，並沒有因阿拉伯語大量使用的喉音，而混雜著對東方人來說難懂的阿語式英文口音，好，我決定僱用他！這竟是一切意外的開始。

隔天一早Aziz準時在約定的時間出現在民宿，其實我起床晚了，匆匆忙忙吃早餐，在充斥華麗馬賽克磚與雕刻裝飾的挑高中庭用早餐，這是個現代網美可以花上兩個小時擺拍都不嫌久的場景，礙於門口有人正在等候，我倉促用餐完畢，跟著Aziz出門，前一天我拿出旅遊指南，大致指出我原先預計有興趣的景點，然後將一天的行程交給他，穿梭在中世紀土牆砌成的巷弄中，許多景點藏身在黃土泥牆後，推開看似將要因被侵蝕而崩塌的木門，裡頭盡是別有洞天的奢豪裝飾。

六月天的摩洛哥，晚間九點天色才逐漸暗下，白天的烈日炙熱到宛如要將整座城烤乾，除了觀光客和做觀光客生意的商家，高溫將多數人封印在泥城之中，直到太陽下山，人們傾巢而出，摩肩擦踵擠滿夜市，頓時這座中古世紀古城像童話故事般被施予魔法一般地復活，我在Aziz推薦的茶館露台上喝著薄荷茶，心中想望著能有摯友分享此刻的詩情畫意，該有多好？想起自己經常

1 Lonely Planet寂寞孤星，旅遊指南。

被放鴿子，身邊經常出現對於自己口出的諾言不守信的人，一轉念，卻是這些細細瑣瑣看似不如己意的小事，堆疊出生命中萬萬千千自我成長的轉機。

再隔日一整天同樣跟著Aziz兜轉，直到傍晚Aziz帶我去一家他推薦的餐廳用餐，通常一日導遊的工作，大致就是帶客人走完一整天的觀光行程，最後把客人安頓好用晚餐的餐廳便可以離開。這時，他開口問我，晚上是否有興趣去新城的酒吧抽水菸，因為早前的聊天，我跟他提到前一年我從埃及扛了兩隻水菸壺回台灣的事。年輕的我，答應了眼前這位眼神澄明、睫毛長如駱駝的摩洛哥男子的邀約。

Aziz騎著他的重機來接我，我住在最熱鬧的舊城中心，窄小的巷弄車子騎不進城，他帶我走到停放機車的城門口廣場，往新城疾駛，離開舊城市區，看見沿著山坡坐落的白色建築，在公路路燈的映照下，輝映成和煦的暖黃色，天際中閃爍著繁星，我雙手緊握著後座的手把，看著此刻的夜景，感到不可思議。

我們先去了一家非常在地的酒吧，有樂手與歌手現場演奏，歌手一副大鬍子、啤酒肚、穿著襯衫西裝褲的樣貌，顯得這裡在地到入骨。酒吧屋裡屋外瀰漫著香甜味道的水菸，酒吧裡即便光線昏暗，摩洛哥男子偕一名東方女子入內，不管選了那個角落的位置入座，都不免引來注意的目光。被觀察的同時，我亦同時在觀察四周，水菸吧裡頭幾乎不見女性，大概就是摩洛哥男性的社交場合吧。

2008-06-05(四) Fes 菲斯

Disco 1

入口都讓人看不出來，Aziz說一點之後人才會越來越多，他說他不會跳舞，舞池一直都沒什麼人，三三兩兩的，周圍很吵，所以得靠近耳朵說話，忘記在說什麼，嘴巴靠近耳朵，不知何時雙唇就對上了，一切就發生了……他怯怯地笑，我問他笑什麼，他說沒有，他在笑自己，也笑他以前從來沒有在Disco這麼做過。

……

離開水菸霧裊裊的音樂酒吧，我們接著去一間飯店附設的酒吧，我選了室外可以看見星空的座位。我和Aziz天南地北地聊，從小時候的各種習慣聊到宗教信仰，我告訴他，我國小班導師是虔誠基督教徒，國小每天吃營養午餐前需要禱告、每週三課後會去教堂唱詩班唱聖歌，到了國中，國中班導師是虔誠的佛教徒，每天課堂前等待老師開始上課的時間都必須打坐，每個禮拜的作業要用小楷毛筆抄般若心經，然後長大之後，我現在卻成了個什麼宗教信仰都不信的人；他告訴我，他是穆斯林，告訴我關於可蘭經和穆斯林的習俗。

至今仍記憶猶新，當時一面用英文聊著宗教人生觀，一面略帶醉意迷茫望著那片星空。第二瓶海尼根下肚，他接著帶我去迪斯可酒吧。同樣的，除了看見顯然是觀光客的幾名金髮碧眼外國男女，其他幾乎清一色是摩洛哥男性面孔，帶著東方女子入內的Aziz很難不成為注目的焦點。

嘈雜的電音讓我們必須得靠在對方耳邊提高音量說話，酒精早已隨著心臟搏動循環全身上萬遍，某個轉頭的瞬間，意外卻又不那麼意外，四唇相貼。不一會兒，Aziz帶著我離開迪斯可，他**怯怯地笑著，告訴我，其實剛剛是旁邊的人叫他離開，或許這已跨越了保守穆斯林領域的風俗底線**。他又帶我去下一間Disco舞廳酒吧，我們穿梭過昏暗迷炫的菸霧，移動到角落位置，沈浸在兩人世界。

深夜時分，路上的人車稀落，儘管白天氣溫可以高達三十幾度，入夜後的山城溫度卻能降到二十度，準備返回舊城的路上，Aziz突然問我想不想騎車，我詫異了他對我如此放心，於是人生中留下了在摩洛哥無照駕駛騎重機的紀錄，不過當發現我騎車時，Aziz的手扶在我的腰際，才意會到他問我想不想騎車，其實是這個摩洛哥男人的計謀。（笑）

#真心話大冒險

前一夜發生的事，就像意外闖入的貓碰翻了一盤棋，後來的摩洛哥行程和原先計劃的完全不同，原先打算從菲斯離開後，先到東部參加撒哈拉沙漠的行程，再去馬拉喀什幾天，最後從馬拉喀什飛回西班牙巴賽隆納和Ginny會合，最後我留在菲斯，除了其中Aziz已有原定工作的兩天，我自己前往電影北非諜影的拍攝地卡沙布蘭卡，其他時間都待在菲斯。

十多年前摩洛哥並不是個對台灣人而言熱門的旅遊地，網路上發現去過摩洛哥的台灣人寥

2008-06-06(五) Fes 菲斯

……

昨天晚上他帶我去一個女人家，說是遠房親戚，那女人家中當home stay，有幾個美國女孩來唸書短期或長期住宿，今天就去她家學烹飪。中午先去採買，到市場買雞、洋蔥、蕃茄、杏仁等各種食材，我們在半途遇到Aziz的朋友Youssef（第一次見到他），他們認識了十幾年，Aziz都欺負他。我們買了一堆東西都給Youssef拿，香瓜那袋超重的，我忙著戴帽子遮陽，沒有幫忙提很不好意思，沿途跟著走，因為他們呼嚕呼嚕地用阿拉伯語交談，也插不上話，Aziz偶爾用英文跟我解釋一下。他說那個遠房親戚大嬸小時候常打他，現在他長大了，她還以為他是小孩子，不過他現在會反抗她的攻擊了。

我和Aziz、Youssef三貼，Aziz堅持要我戴上唯一的安全帽，他說，“You are the most important one！”他說他的摩洛哥朋友就隨便了，可是我很重要，聽起來窩心極了。

寥無幾。此前，中文只有一本遊記，書裡的女主人公當年遠迢迢前往摩洛哥上料理課，大抵是受了書中的影響，不愛也不善料理的我竟也興沖沖地預約摩洛哥料理，卻因為授課老師的行程和穆斯林齋戒日之故，最後無法如期約成網路上推薦的摩洛哥料理烹飪課。

失望之際，Aziz得知此事，就找了他的姑媽幫我安排摩洛哥塔吉料理烹飪課，難得體驗了在地真正私廚的烹飪課，唯獨可惜的是，多年後，我的記憶只停留在雞肉塔吉料理的美味，但是究竟該如何料理，對於食物記憶能力薄弱的我，完全無法複刻出這些料理的味道了。

和Aziz在一起的菲斯日子，我住到靠近舊城門口的一家旅館，這是Aziz友人經營的旅館，每天從房間的窗戶就能看見遊客熙熙攘攘的舊城門口。Aziz不在的時候，基本上周遭只會聽見巴拉巴拉的阿拉伯語。Youssef是Aziz的好朋友，Youssef在旅館隔壁的餐廳工作，他的外表看起來像是有部分歐洲人混血的血統。

某天Youssef放假的日子，Aziz和 Youssef相約，帶著我和Youssef當時的荷蘭女友，一起去一處菲斯郊區類似水上樂園的地方玩耍。這是個奇妙的組合，Aziz能口說熟練的外語有英文、西班牙文、部分法文，卻無法讀寫，我和Aziz用英文溝通，Youssef能聽說讀寫流利的法文，英文幾乎無法溝通，他和他當時的荷蘭女友用法文溝通，Aziz和Youssef用阿拉伯語溝通，我和Youssef的女友用英文混雜德文溝通。那天大家就躺在水岸邊的草坪上野餐、唱歌、聊天、嬉鬧、玩水，度過了日間高達四十度的北非六月天。

即將離開菲斯的前一天，Aziz和他開皮革染坊的老闆朋友們，帶我去郊區一處私房景點，說是要歡送我。他們從後車廂拿出窩藏的沁涼啤酒，舉瓶同樂，當時的我還挺不識相地問道，穆斯林不是不可以喝酒嗎？他們倒也很坦然地說，該虔誠的時候很虔誠，但是該放鬆的時候放鬆，相信阿拉也能理解，深為非特定信仰者的我一笑置之。

車子開到極為偏僻的地方，我想起西部牛仔片裡，一片黃土，上空那高溫的空氣扭曲了遠方曠野的視線，我又想起我一介東方女子，倘若被棄屍於此，能夠被找得到嗎？

幾經顛簸的泥土路段，遠方視線映入聚集的人車，原來是一處類似河流轉折處形成深潭的荒郊，炎炎夏日，將在地人都吸引至此。下車仔細一看，都是裸著上身在地的男老男少，從挺著啤酒肚的中老年男子，到精瘦的小朋友、青少年，大伙都像孩童般開心地游泳、跳潭戲水，我全身上下包裹著粉紅色防曬外套和長牛仔褲，簡直像外星人入侵般地突兀，當地人倒也很快地習慣異物般如我的存在，自顧自地享受沁涼的河水。

回程的路上，聊天時我跟大夥提及我剛結束了漫漫七年的醫學系，回國後即將要考醫師國考，成為醫師，大夥開心地合唱起我聽不懂歌詞的阿拉伯語歌曲，替我慶祝，一瞬間我從當下的時空解離。

兩個禮拜前的我，還在中央空調如冰庫的白色巨塔裡，替血液科病患尋覓難纏的血管放置靜脈軟針，此刻的我，宛如轉生在說著阿拉伯語的異世界，遇見一個裝載在非洲男子肉體軀殼裡的穆斯林靈魂，竟能相互理解且吸引。而再兩週後，我又將回到令人窒息的國家考場，此刻的這一切感受，顯得比電影情節裡「人生就是被控制腦波產生的假象」更加虛幻。

離開摩洛哥的那一天，一早我搭上了從菲斯前往馬拉喀什的長途巴士，接續搭機飛往西班牙巴賽隆納，Ginny也將會離開巴黎，前往那個充斥高地奇幻建築的城市與我會合。

在人生所經歷的旅程中，約莫十次有九次，我離開的日子那座城市總是在下雨，看著滑落玻璃窗的水珠，當時的我相信自己很快會再回到摩洛哥，未料十數載過後，摩洛哥逐漸在台灣人的旅遊選擇熱門了起來，我還沒能再次回去。遠距時差的隔閡，三個月後，學習西方實證醫學長大的我，和那個樂觀開朗相信喝柳橙汁維他命C能治好病的大男孩，在MSN上提了分手，我記得他在視訊畫面中難過的神情，從那雙上下排刷著駱駝般長睫毛的雙眼中透出，多年後提筆的今日才意識到，原來那一天搭乘離開菲斯的長途巴士，向Aziz揮手的道別，可能，是永別。

通法語、好相處，讓我短暫的巴黎行如沐春風的旅伴Ginny。

菲斯舊城區的城門，這裡是進入古城區的入口，往來人們絡繹不絕，也不乏掮客。

Aziz的遠房親戚阿姨，教我們如何做摩洛哥道理料理雞肉塔吉。

摩洛哥民宿旅館的豪華早餐，桌面上是一個人的早餐分量（笑）。

菲斯舊城區的巷弄，外觀上多半是黃白色的土牆。

單調的土牆內，一入室內經常是難以想像的華麗馬賽克裝

盛夏時節，菲斯當地人會到郊區河川自然形成的深水潭玩水消暑，我是在場唯一的女性，也是唯一的外國人。

六月天摩洛哥氣溫白天已高達攝氏四十度，廣場市集在傍時分人群湧現。

位於卡薩布蘭卡的哈桑二世清真寺，是世界上
規模第三大的清真寺，拍攝於迴廊的一隅。

太陽下山後，炎熱的氣溫消退，菲斯彷彿隨著夜生活甦醒過來。

在菲斯人車稀少的夜半時分，Aziz讓我騎著他的摩托車，奔馳在新城區寬敞的馬路上。

斜陽下工作中的皮革染坊工人。

菲斯著名的皮革染坊。

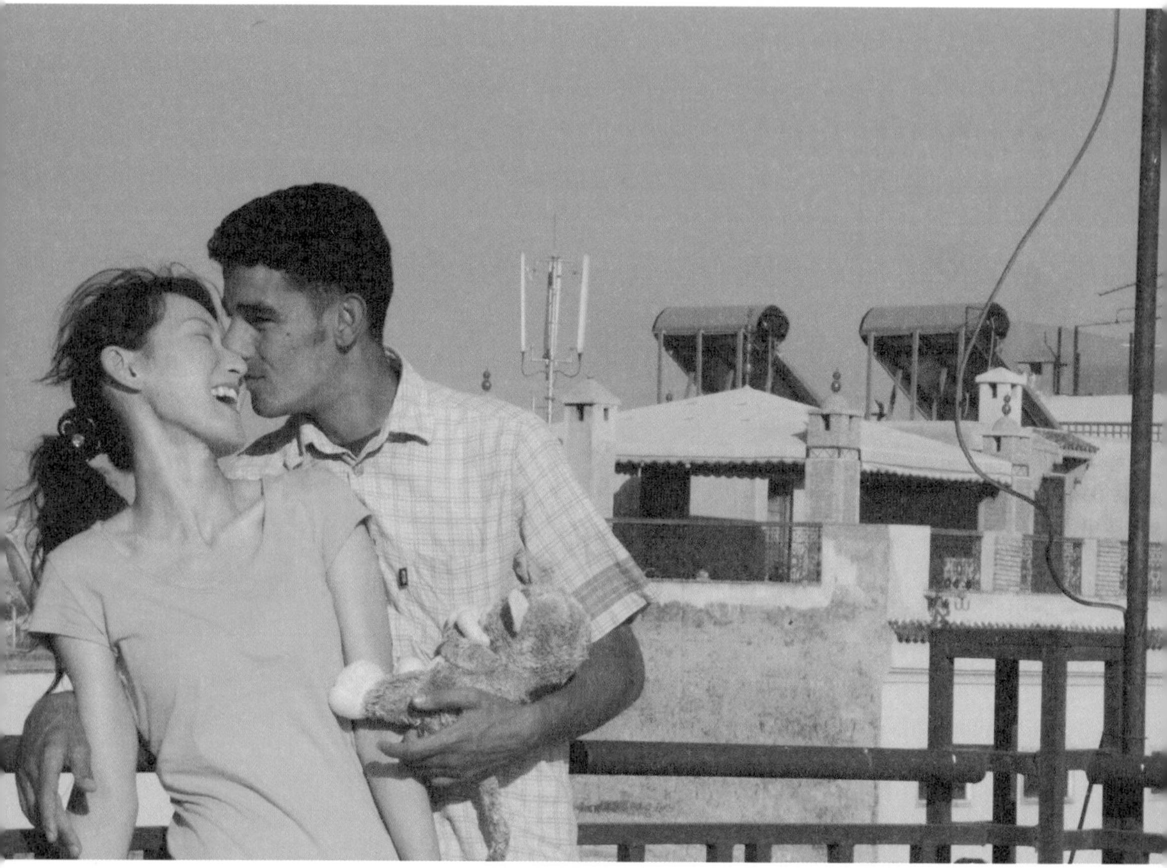

人生再如何算計，總是會出現預料以外的發展。

菲斯即將入夜前夕，隨著熱氣消退而甦醒的城市，照片中左側可見喧囂熱鬧的市集燈火通明，人潮穿梭在城市土牆間。

10 二〇〇八年四月

北京

第一次踏上台灣海峽的彼岸

「在這趟北京之行以前，除了西藏以外，潛意識裡有種『我一點也不會想去大陸旅行』的念頭。」

Beijing

新疆 × 北京

2008.10/20~10/29　　2008.4/16~4/22

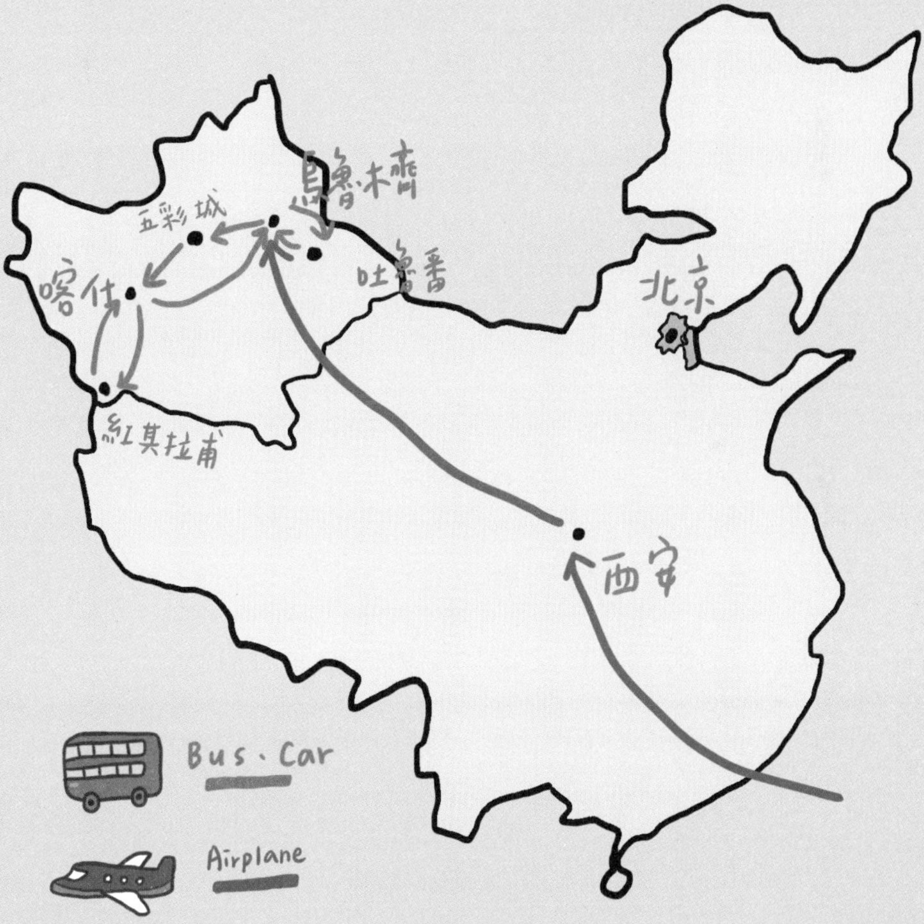

初訪彼岸

2008-04-17（四）北京

昨晚，晚上十點，飛機Landing，但是飛機停機棚找了二十分鐘，十點半我終於出關，要換錢才知道，北京不能用台幣換人民幣，看見D來接機真開心，我身無人民幣分文，非常囧。

醒來早上十點，趕緊把大相機充電，然後，賴床。東摸摸西摸摸，弄到十二點才出門。D的公寓，位在五環外的Business Development Area經濟發展區，又叫亦莊，裡頭的大雄公寓區。昨晚出去繞了一圈認路，我大概只認了八成，他們的公寓一進門，拼木地板、簡潔精緻的擺設，簡直和大陸連續劇一樣，生活環境比起我在台灣狹小的租屋空間好很多T__T。

早上起來，出門前看見字條，已經出門去上班的D，留一千塊人民幣、蘋果筆電和使用密碼，感覺D實在貼心。

若不是被調派北京當台幹的友人D之故，或許我會繼續戴著隔閡台灣海峽的共匪濾鏡去檢視彼岸，不知道何年何月才會想踏上彼岸的土地。坦白說，**在這趟北京之行以前，除了西藏以外，潛意識裡有種「我一點也不會想去大陸旅行」的念頭**。

在二〇〇八年以前，只有曾經動念在青藏鐵路完工前、在全球遊客湧入西藏前，去一窺這塊神秘的淨土。然而未料當時錯過時機，眨眼間就是十載、二十載過去，等到後來二〇一七年我終於踏上青康藏高原，想要前往西藏，時移世易，兩岸情勢和規定，台灣人身分的限制和申請越來越嚴格了。

我鹽水老家幼時房間的書櫃上，還擱著一本學生時代買的書《我獨自走過中國》，這本一九九九年出版的書籍，作者是一名移民美國的金髮波蘭女孩多明尼卡・芭蘭原，哈佛社會學系、精通五國語言但不諳中文的她，從歐亞非交界的伊斯坦堡出發，穿越中亞進入中國，穿越天山、黃土高原進入京城北京，南下從深圳經香港前往台灣。

看著書中的描述，一方面當年被作者這種已經堪稱為冒險者的旅行路線所深深吸引，同樣的路線，已然非現今這個隨時可以便利上網、衛星定位的年代能夠複製的了。一方面卻又莫名文人相輕，心想大概是因為她是歐美人士，所以人總是覺得外國的月亮比較圓，才會被中國這種遠東古老文化所著迷。

站在跳脫整個歷史軌跡外的高處，回頭去檢視，只道是小時候所接受的洗腦教育在某整程度上是相當成功的，小學時期電視機上播放的廣告愛國歌曲[1]：「五千年的歲月多少腳印和血汗，融入浩瀚壯麗的大地，從歷史的榮耀淪入近代的悲難，和今天一海兩隔的離傷，從今起立下

1 歌曲《心願》是寶麗金唱片於一九八九年一月一日發行的群星音樂專輯《永遠的朋友》裡的一首歌曲，歌曲原唱歌手有童安格、張淘淘、周治平、況明潔、何如惠、鄭婷、李傲梅、張鎬哲、黃慶元、黃雅泯。

心願，立足台灣胸懷大陸放眼天下，結成新的血肉長城，匯成新的黃河長江，中國呀中國燦爛輝煌，中華呀中華地久天長…」至今我仍琅琅上口，還沒踏上大陸，實際接觸過居住在中國那塊廣闊土地上的人民以前，我對他們的認知，都是來自別人的描繪與自行的想像。

「世界這麼大，一輩子要玩過一輪都去不完了，為什麼要去大陸？」大抵就是這樣的想法盤踞我心中多年，直到友人D去了小時候教科書稱之共匪竊據的城市工作，開始接受到一些與以前認知不太相同的資訊和回饋，「去北京看看吧」的念頭，就此萌生。

誤解與思想和解

2008-04-17（四）北京

沒等一會兒，往國貿的公交車就來了，是十幾人座的小巴，位置很窄，膝蓋會頂到前面座位的椅背，車子走五環→京津堂公路→三環→國貿橋下，下車前，我想給「師傅」拍張照，一開始他拒絕說不喜歡入鏡頭，我說拜託，徵得他的同意，他立刻對著我的鏡頭比Yeah！XD

二〇〇八年四月前往北京，當時正是中國經濟發展開始急速發展和企圖轉型的時刻，對於我一個外來的旅人眼中，「整個北京就像是個巨大的工地，所及之處都在整修」，這句話總結了當時我對北京的第一印象，為了趕及北京奧運的建設，每過幾條街就能遇見塵土飛揚的工程工地。

我特意去參觀逐漸被高聳摩天建築包圍

的衚衕老街區晃晃，站在一個小街口，一面是整修過的平房古樓的外牆，對面左側是窗台邊晾著衣褲的老舊矮樓，對面右側是倏地拔高的玻璃大樓，亮晶晶的大樓玻璃能夠清晰地映照出隔壁矮樓斑駁的牆壁，時代變遷中，歷史保存和經濟發展的矛盾，彷彿被濃縮在這方圓直徑三十米的街口。那樣的衝突感，同樣存在於，我在新興區的星巴克咖啡店，使用了裝潢時髦無比的洗手間，同一天中，在老衚衕區，體驗了「門兒都沒有」、只有矮隔牆的蹲式漢廁公共衛生間，神經緊繃地結束如廁。

來到北京，無止盡地走路，招了一輛人力三輪車遊衚衕，獨行旅人這種情境無可避免得接受三輪車師傅的搭話，幾番基本題的問答往來，從哪裡來的？來多久？師傅得知我從台灣來的，表示「妳普通話說得真標準」，我笑笑答謝。內心忖度著這句姑且算是恭維的稱讚，究竟是北京人預期來自南方來的台灣人只會說福建話，抑或是自己企圖融入怕被當成肥羊觀光客故意捲舌的發音矇騙了北京人，不得而知。

對北京的第二印象，便是「無止盡地走路」，公路街道的距離感被放大尺寸，穿著厚底高跟休閒鞋，腳趾頭關節處相當磨腳，出門不到六個小時，腳就快耐不住，我朝北走，看著地圖上標示的街名，北長街、南長街，還真的很長啊！走了好一段路發現卻還遙不見底，突然想起旅遊指南書上寫道「到北京旅遊記得穿一雙好走的鞋」，顯然是過來人所寫下相當中肯的建議。那天接近閉園時間離開紫禁城，原先盤算著到景山公園拍攝紫禁城夕照，不過在西華門的護城河柳樹蔭下，歇腿閒坐了一會兒便近六點，天空色溫開始易變，估算抵達景山公園的時候也趕不及拍攝落日餘暉的紫禁城，便直接搭地鐵前去和下班的D碰頭。

D領著我去吃烤鴨看戲的茶樓餐廳用餐，這是個相當觀光的場所，猜測普通正常的現代北京人，應該不太會出現於此，就像在台灣大概是外國友人來台或是帶小孩子體驗，才會前去有原住民舞蹈的餐廳用餐，是同樣的概念。與其說是來現代北京觀光，我倒有種時空穿越前去古時北京觀光的錯覺，餐館裝潢復古，彷彿舊時進京辦事的人，到繁華京城的客棧酒樓歇息，一面觀雜耍賞花戲，一面飲茶飽餐一頓。

一切都還在適應中，三十米外大喊「服務員」的客人，好心指路的路人，上公交車排隊插隊的大嬸，紫禁城高牆下看見老伯哄著趴在肩上睡覺的孫女，慈祥地露出滿是風霜的笑容……都是這裡的日常。

二〇〇八年央視總部大樓還仍在蓋，拍下這張歷史照片，當時的我感覺北京市整個城市簡直是座超級巨大的工地，四處都在施工，天空都灰濛濛的。

當時這樣的穿著打扮，背著一台單眼相機，一個人在拍照，在紫禁城門口被守衛盤查詢問是不是記者。即便是陽光普照的下午，遠處天空可見依舊灰濛濛。

我詢問公交車師傅能否讓我拍張照，嘴上靦腆地說不要，我半開玩笑地舉起相機，身體卻誠實地立刻對著鏡頭比勝利手勢。（笑）

在天安門廣場上觀看衛兵交接，記錄下這個時刻。

就連老衚衕也都在施工整修。

老北京的茶酒館，一邊嗑瓜子、飲熱茶、吃烤鴨，一邊看戲。

10/1

二〇〇八年十月

新疆

第一次前往不像中國的中國

「許多人遲遲無法踏出他們夢想中的旅程，
並不是被自己的誤解想像所阻遏，
卻是因為身邊那些自己從未實踐過的人以
『用善意包裝的誤解想像』
讓他們怯步。」

Xinjiang

新疆 × 北京

2008、10/20～10/29　　2008、4/16～4/22

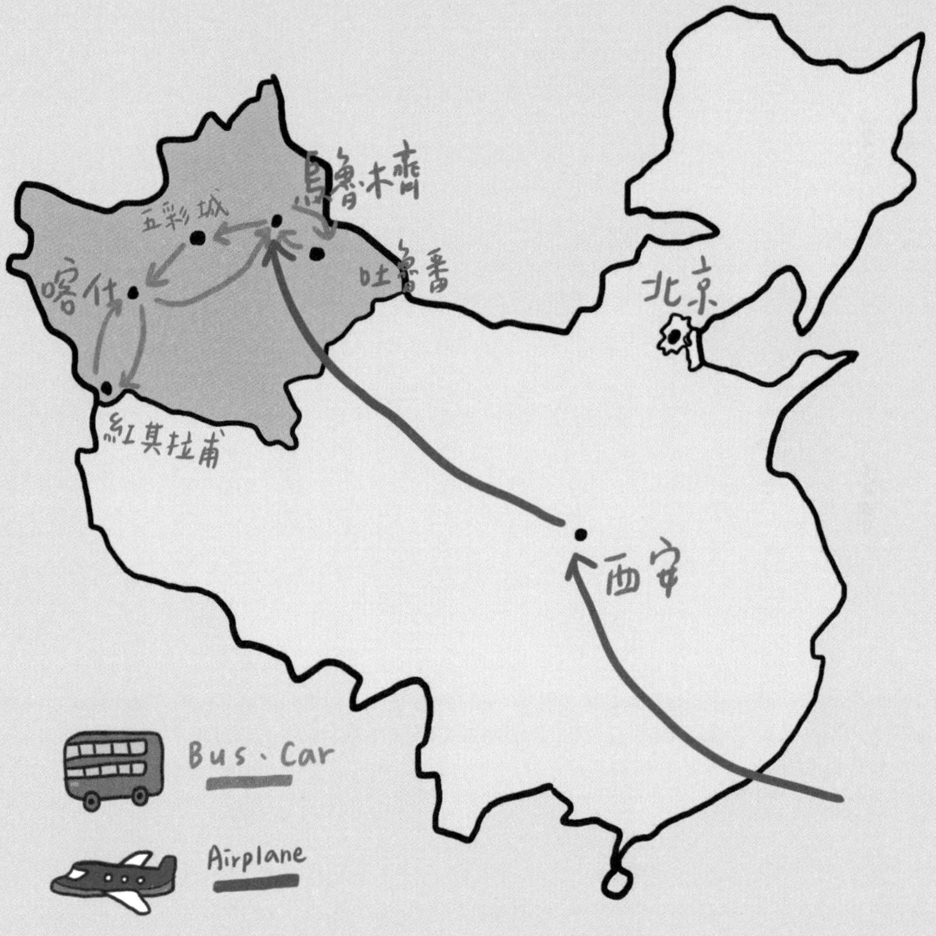

#這裡是中國？

2008-10-21（二）天山天池

路面全結了冰，路旁的山壁和樹上全積滿了雪，這是我第一次來到下雪的地方。結冰的路面很滑，很難走。

幾位在冰面上健步如飛的維族人，從後方走來，經過的時候還跟我用維吾爾語[1]打招呼，可是我聽不懂。我說聽-不-懂，他們笑著重複我說的聽不懂，他們倒是聽懂了我的「聽不懂」。

去了一趟北京後，才發現自己原來能自然地看懂簡體標語和無礙地閱讀簡體書，才發現原來自己持有台胞身分在中國境內移動，並非如想像中會隨意遭受攻擊，才知道如何申請臺胞證入境中國，一回生二回熟，於是乎興起了前往古時「西域」新疆的念頭。約莫從這個時期開始，奠定我人生中的旅行模式，一旦去了某個國家，便會連續幾年接二連三地一去再去。

長久以來潛意識抗拒到對岸，那層抗拒一旦突破，才發現世界上最令人怯步不前的，原來一直是「自己對那件事的誤解想像」，例如擔心一個人去非洲會被搶，擔心一個人去南美會被騙，擔心一個人在極圈的暗夜中開車會出車禍，擔心爬不上五千公尺的步道，擔心在深海裡游泳會沈入海底，擔心冰潛潛入冰層底下會受困等等。**這些擔心恐懼的事情，後來實際去做了，才發現根本不是原本自己所想的那般可怕，而更可笑的是，許多人遲遲無法踏出他們夢想中的旅程，並不是被自己的誤**

解想像所遏阻，卻是因為身邊那些自己從未實踐過的人以「用善意包裝的誤解想像」讓他們怯步。

國高中時期，我對歷史和地理並沒有太大的興趣，說不上來原因，或許是潛意識認為這些都是死背便能得分的知識。這趟旅行，抵達新疆前，先在西安短暫停留一日，站在欄杆邊俯視千年前秦始皇埋下的兵馬俑，去參觀貴妃「溫泉水滑洗凝脂」的華清池，而一抵達烏魯木齊，隔日去了當地包車師傅推薦的天山天池—傳說中西王母宴請群仙的蟠桃盛會設宴所在地，一聽見曾經出現在課本上的地名，立刻引起我前往的興趣。不禁感謝小時候國立編譯館的教科書，逼迫我記誦了這麼多我原以為跟我未來的人生不會有任何交集的地名，萬萬沒料到，在我爾後的生命歷程裡竟能真實踏上這些地方，重新啓動激活了幼時封印在課室裡的人生記憶。

新疆地域之大超乎當時的想像，當年我甫正式成為白塔裡的勞工，想要在一趟休假旅程中囊括南疆、北疆所有重點行程，簡直是癡人說夢，自己和自己討價還價了一番，最後只走了段北不北（上至魔鬼城、未達北邊喀納斯湖）、南不南（有到紅其拉甫關口、未至戈壁）的新疆之行。

1 維吾爾文，指維吾爾族使用的拼音文字。維吾爾族在歷史上使用過突厥文、回鶻文、察合台文。中國維吾爾族在二十一世紀使用的維吾爾文是在晚期察合台文基礎上形成的以阿拉伯字母為基礎的拼音文字。二〇一〇年，中國在當年人口普查漢族人口比例最低、少數民族人口比例高達百分之九十六的和田地區，施行雙語教育，以推行中文教育，因成效不彰，在二〇一七年施行學校教育單位全面禁止使用維吾爾語。

飛機從西安抵達烏魯木齊，路標招牌出現了維吾爾文字與清真的圖樣，當時的我還約略能認得些阿拉伯文字唸出發音，這些姿態扭捏的文字總令我想起了遠在北非摩洛哥的Aziz，學習阿拉伯文的動力，隨著摩洛哥戀情的逝去，也跟著消散得無影無蹤。

烏市（烏魯木齊，以下略稱）街頭有兜售饢的攤販，一個直徑約莫二十五公分現烤的饢，才人民幣兩元（不到台幣十元），全無羊騷味的孜然羊肉串，一串人民幣一元，倘若坐進樸實的當地餐館裡用餐，菜單上可能全是維吾爾文字，並且沒有圖片，只能左右張望看看隔壁別人桌上的餐點，然後比了比表示要一樣的餐點。街上往來的男女，混雜著皮膚白皙、五官深邃的高加索人種面孔，和細眼寬臉的漢人面孔，若不是開口用中文溝通，著實難以說服自己身在中國！

在巴札廣場看見羅列的店家展示著繽紛的頭巾和穆斯林小帽、閃爍耀眼的吊燈，象徵著富饒的成堆果乾，人來人往，熱鬧不已，此刻意識到自己「身處西域」的那種浪漫情懷，古代交通不便，無論是通西域的張騫或是經商者，都與冒險者無異，對比現代，簡直就像南北極探險家的工作般令人憧憬。

#這裡是中國！

這天我們的目的地是五彩城，當初倒不是真的因為特殊的雅丹地貌吸引我前去，單純膚淺地因為這是電影《臥虎藏龍》的拍攝場景之一，五彩城亦是許多攝影愛好者的朝聖地之一。為了在五彩城光影最魔幻的傍晚抵達，我們一早從烏市搭乘客運前往東北一百六十公里外的吉木薩

2008-10-23（四）烏魯木齊→吉木薩爾

一早從烏市的北郊客運站搭客運，抵達吉木薩爾，我們下了車，客運站就在吉木薩爾最熱鬧的大街上，看見對面有幾家賓館的招牌，我們隨意選了一家青松賓館，賓館的櫃檯在二樓，櫃檯的設計像售票亭，櫃檯正面的玻璃上有一道大裂痕，很難不去注意到。這裡一晚才人民幣40元，便宜到破了我到目前為止住宿費用的最低紀錄，我和旅伴各自住一間，房間內的床鋪、梳妝鏡和桌椅顯得相當陳舊，不過卻擦拭的很乾淨，沒有灰塵。

我們遞交臺胞證給賓館老闆列印傳真，辦理好入住手續，將大行李安頓好，便出門覓食，隨意在同一條大街上找一間餐館用餐，吃飽後返回賓館，賓館老闆告知稍早前有公安來關切，老闆告訴我們：「台灣人來都住大街前面的三星酒店，你們確定要住這裡嗎？」老闆還問了我們兩次，我心想，我就是想要體驗當地人的生活，決定在這裡住下，老闆也就讓我們住下了。

爾，中午再從這裡包車往返單程一百九十公里的五彩城，中途順道參觀了北庭故城遺址。

雅丹一詞，來自於二十世紀初，瑞典探險家斯文赫定在中國新疆羅布泊考察時，將古湖周圍那些長度達數百米、高度兩三米以上，成群分布，走向為東北－西南的地貌，依照當地維吾爾語稱之為Yardang，原意為「具有陡壁的小丘」，經研究推測先水蝕後風蝕所形成的地貌。之後，隨著他的著作《中亞和西藏》在國內外學界的廣泛傳播，在中國被音譯為「雅丹」，自此便正式被科學領域接受。爾後在世界多處乾旱地區，亦發現了許多類似地貌，均統稱為雅丹地貌。

雅丹地貌依照形態、形成方式在科學上有不同的分類，然而對於一名攝影旅人如我而言，它的特殊之處在於它的樣貌，那看似羅列整齊卻自帶不規則的錯落岩塊高低落差，直如連接異世界空間的城。我們包的出租車，在顛簸的路途馳騁了三個鐘頭，抵達時約莫下午四點，儘管日頭仍烈，或許是因為緯度高的關係，已觀察到明顯和台灣亞熱帶秋天午後四時、陽光的差異。趁著天色明亮、視線清晰，四處勘察一番，最後決定攀上一地形的高處，能夠清楚眺望整個五彩城的雅丹地貌，頓時天色漸變，整片大地被映照的橙紅，地形被侵蝕嚴重的凹陷處逐漸沒入陰影中，金黃橙紅與黑色陰影交錯，對比出更強烈的線條。

這，就是五彩城，此城是城亦非城。心想，此即是百年前斯文赫定眼中所看見的奇幻景象了吧，疑惑百年前究竟是如何的機緣來到荒蕪一片的此地，即使是有衛星定位導航的今日，有目的地驅車前來，也得在一片看似無止盡的荒地中顛簸前進數小時才能抵達。返程，包車師傅趁著天色全然暗下前，駛離這片入夜後會迷惑人失去定向的荒蕪，趕忙開回正規道路上，車子還奔馳在沒有道路軌跡的荒地時，看著車子的影子被斜陽扯得長長的，隨著移動過地面上的土石野草扭曲了起來，影子越撕扯越延長，最後趕在被黑夜吞噬前，開上柏油路，我清楚地感受到師傅緊繃的神經頓時放鬆了下來。

一整天約莫有八個鐘頭坐在出租車上趕路，殊不知未來的幾日，像這樣在車上一待就是數個鐘頭，看著窗外重複出現的景物不斷地退後，原來是來到新疆的日常，這裡的天地著實遼闊到讓身為島民的我驚嘆不已。

#中巴邊界：紅其拉甫口岸

2008-10-22（四）吐魯番

十月新政策上路，吐魯番施行單雙號加氣日，徐師傅的車是雙號，不給加。山不轉路轉，徐師傅在外面和另外一台單號的車子換車牌，加氣站裡頭有一位和徐師父表妹很要好的女加氣工，願意幫忙加氣，才終於加到氣。

接續的數日，我們在世界上最低的吐魯番窪地、產哈密瓜的哈密、孫悟空大戰鐵扇公主地表溫度高達紀錄攝氏八十八度的火焰山，四處兜轉，這些曾經對我就僅是地理課本上二維靜止存在的名詞，竟有朝一日，看得見、觸得及、走得進這些三維的現實空間。

晃蕩完這些乾熱的低地，我們往西走，前往中國最西邊的城市喀什，這座自古就是五口通八國的名城，早自漢朝的公元前時代，便是疏勒國的國都，正因這裡是各種文化融匯之處，歷史風情豐富迷人，卻亦因長久以來一直存在複雜的種族問題，維吾爾族、俄羅斯人、中亞民族與漢人間的糾葛，讓這裡搖盪出不安定的氛圍。

除了在喀什參觀著名的香妃墓、艾提朵爾清真寺，逛了買手辦必去的巴札，年輕時舉凡被冠上「某某之最」名號的人事物，都會被吸引前去。來到中國最西的城市喀什，包個出租車，再往西南一小段路就能夠抵達中國與巴基斯坦的邊界關口紅其拉甫。

說是一小段路，大約四百餘公里，海拔從一千二百公尺左右拔升到四千七百公尺，中途在石頭城塔什庫爾干過一宿，當晚遭遇人生第一回嚴重的高山症，當時的自己未意識到這就是所謂的高山反應，對於當時人生原則「要每天洗頭」莫名堅持的我，盥洗後頭痛劇烈，就寢時噁心反胃胸悶，全然無法躺下入眠，最後我嗑了一顆普拿疼，用冰冷的手腳搓著暖暖包，靠著牆坐著，最後快天亮時終於以坐姿睡著。

一早醒來，頭痛的症狀消失，繼續從海拔三千三百公尺的石頭城，往海拔四千七百公尺的紅其拉甫口岸前進。時隔多年後，當我對高山症這個疾病越來越熟悉時，才憶起當年即是症狀明顯的高山症，決定前往逼近海拔五千公尺的紅其拉甫口岸，也是個突如其來臨時的計畫，因此未提早攜帶預防藥物，自此我瞭解到自己有高山症體質，後來每一趟前往海拔四千公尺以上的高地，一定提早規則服用高山症預防藥物。

人生第一次來到新高點，海拔四千七公尺，興奮地快走四處拍照，發現光是平凡地水平走動便感到氣喘吁吁，對於當時青春年少的自己，簡直是一種神奇的體驗，原來那種大醫盃、醫學盃籃球比賽奔跑到第三節下半場的致命喘息感，竟然在這高山口岸上當真走個幾步路便能輕鬆體驗。然而，當時的我也預料不到，很快地幾年後，我的人生即將歷經血流成河到血色素攔腰折半的慘白暗黑期，此刻才意識，當年竟然會因為在四千七百公尺高地喘不過氣的感覺感到新鮮有趣，一直雀躍地走來走去，年輕的時候竟天真得可以。

在這裡，我們遇見了這整趟旅程以來，除了我和旅伴以外唯一的台灣人們，遊覽小巴裡下車的旅行團，人手一支攜帶式氧氣瓶，攀談之下，聽口音很快就相互辨識出彼此是台灣人。

紅其拉甫口岸，平鋪直敘地描述，大抵就是一棟不起眼的水泥建築哨站，但是它的所在位置，讓它與眾不同，我走到中國和巴基斯坦邊界的界碑，像發現新大陸般地注意到界碑兩面使用著不同的文字，同一條壯麗的喀喇崑崙公路自此延伸，路邊同一片翠綠的青草地綿延，卻因這立碑坐落於此，兩側的空間硬生生賦予了不同的意義：這邊是中國，那邊是巴基斯坦。

喀喇崑崙公路綿延在四五千公尺的群峰間，我想起曾經看過介紹世界上十大危險公路的影片，這條公路榜上有名，而且它亦是世界上十大風景秀麗的公路。我看著那一路蜿蜒而去的公路，冀望有一天能搭巴士去巴基斯坦，可惜沒有簽證、假也不夠長。我和載我們來的包車師傅抬槓，徐師傅說道，他從前是開大貨車的司機，專門開眼前這條公路去巴基斯坦送貨，這條公路他開過上千次，景色真的絕美，但是無比危險，路況不佳、時常坍塌，有一次他同樣開著大貨車送貨的途中，公路突然坍方，他趕緊緊急煞車，但是就眼睜睜看著開在他前面一輛的同伴，整輛大貨車就這樣被崩落的石塊堆掃落到山谷裡。

「現在想起來還是心有餘悸，如果再開快一點，墜谷的就是我這輛……那時候我決定不要再開這條公路了。」語畢，徐師傅吐了一口菸。知道乘客不喜歡菸味的他，全程在車上不抽菸，下了車在戶外空曠的地方，忍不住抽個一兩根。那口被吐出的白煙很快被風吹散，無影無蹤，聽出他話裡的無限感慨。開大貨車的收入比較優渥，卻真真實實地拿命在賭，為了妻兒，他毅然離開那個危險的職業環境。想想，那我不就一直都是冒著生命危險在旅行著啊。（遠目）

#島內與島外、牆內與牆外

多年後我正撰寫此篇章的二〇二一年，正好今年將已連載十餘年的日本動漫、堪稱神作的「進擊的巨人」[2]一口氣從頭看完，觀看該劇時，內心相當衝擊，故事中不論是馬萊人民還是帕拉狄島內人民，後代人民本身無辜，卻因為過去歷史的仇恨，繼續互相傷害，兩邊的國家領袖各自用教育洗腦人民，來捍衛自己的利益與政權，而實際上兩邊國家進入對方國家當間諜的人，與當地人民相處一段時間，會發現事實根本並非從小所受教育認知的那樣，對方國家的人民從來就不是十惡不赦，真正罪大惡極的是那些操弄政權從中滿足自己利益野心的人。

跳脫出動漫故事，回到現實，不禁聯想到兩岸的關係，我回想起將近二十年來，在世界各地所遇見的中國人，在世界各地因為被誤解是中國人的各種遭遇，到後來在中國當地認識的中國友人，像徐師傅這樣迫於生計犯險工作的中國人，也和其他因生活壓力在努力過活的台灣人沒有什麼不同。只是「因為是某國人」並不可惡、不該可恨，可惡的是那個國家體制，教育人民貼標籤，唆使人民攻擊、對立和自己不同標籤的人。

從以前至今在不同領域認識不少為人個性良善、值得欽佩的中國人，私底下兩岸的人民能夠有真誠的情誼，然而多數沒有直接和對岸人相處的兩岸人，卻因歷史和政治的支持立場相異而在網路上相互地嘲弄與攻擊，甚至或許有一天，台灣海峽兩岸戰爭爆發，我們必須殺死眼前無冤的中國人，中國人也必須殺死眼前無仇的台灣人，只為了有野心的人想要霸有未曾實質擁有的主權，人類歷史一再重演，觀賞動漫的同時，感慨萬千，自己如歷史洪流中一名小小的帕拉狄島子民，渴望自由與和平，離開帕拉狄島，才赫然發現，在一片汪洋彼岸竟然有個馬萊國，認為我們是惡魔的子民該被殲滅與降服。那仇恨究竟何來？那仇恨究竟該何去？

文行自此，想想，說不定自己這輩子會因為台灣人身分，而錯過中國大陸那塊土地上眾多瑰麗的美景，中國人亦然，無緣台灣寶島特殊生態景致，人生苦短，有幾多年頭堪待，等到有機會前往或許已白髮。

2 《進擊的巨人》，是日本漫畫家諫山創所創作的漫畫作品。漫畫於二〇〇九年九月至二〇二一年四月間在講談社《別冊少年Magazine》上連載。故事建立在主角艾倫居住在由高牆包圍的城市，人類對抗牆外會食人的巨人，多年後發現從小所待的地方帕拉狄島只是一座島，世界上其他地方除了巨人還有其他文明和國家。與帕拉狄島最大衝突的馬萊國，政府手握可以隨意變身的九大巨人其中大多數特殊巨人作為兵器，此前數百年前希望與世無爭的國王，帶領具有能變身巨人基因的部分子民艾爾迪亞族人，以及最關鍵的始祖巨人能力，出走到帕拉狄島鎖國，篡改歷史與人民記憶，情節複雜的故事展開在眾多角色人物企圖奪取始祖巨人能力、改變歷史結果和尋找歷史真相。

十月的天山天池已落雪，人生第二次看見雪，卻是頭一遭踩在雪地上。

令人齒頰留香難忘的饢餅，最大的饢餅一個當時不到台幣十元。

當時政府神奇的規定，加油站單數日只允許奇數車號的車輛能加油，雙數日只讓車牌號碼偶數的車輛加油。

五彩城的雅丹地形，此為李安導演《臥虎藏龍》的取景拍攝地之一。

地表最高溫紀錄的火焰山，也是西遊記傳說中孫悟空大戰鐵扇公主之地，二〇一七年七月測到攝氏八十八度高溫。

餐廳門口維吾爾員工在處理新鮮的羊肉，沒有羊騷味的烤肉串搭配孜然調味，是目前吃過最想讓人再吃一次的烤羊肉。

前往塔城途中休息時，遇見的新疆維吾爾小男孩們，當時所遇見的當地維吾爾人總不吝嗇微笑。

新疆特殊的撥弦樂器熱瓦甫，背景是國中地理課本上出現的喀喇崑崙山脈。

新疆是個讓人疑惑自己真的身在中國的中國，維吾爾族人的外表讓這裡呈現特殊西域風情，照片中當年躲在大人羽翼下的小女孩，十多年過去了，不知是否安好。

如今中巴界碑早已被用鐵圍籬包圍起來，只能遠遠拍照，像小猴這樣直接倚著界碑的照片已成歷史。

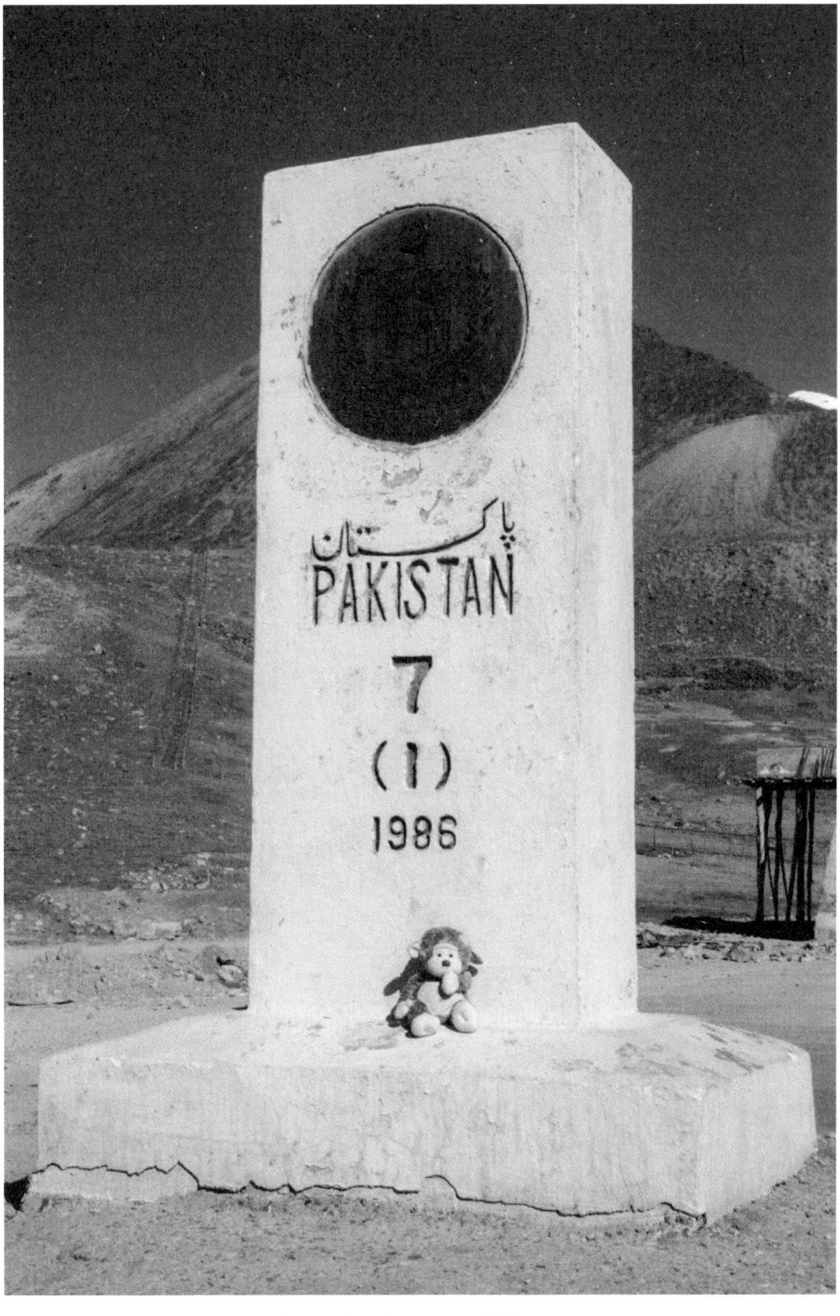

巴基斯坦與中國在紅其拉甫口岸的界碑，小猴與中巴界碑的合照。

11 二〇二一年十一月
阿根廷、南極

第一次南美自助旅行、第一次踏上世界第七大洲

「於是，當下我選擇逃亡，
再不逃避，心靈會死亡。」

Argentina, Antarctica

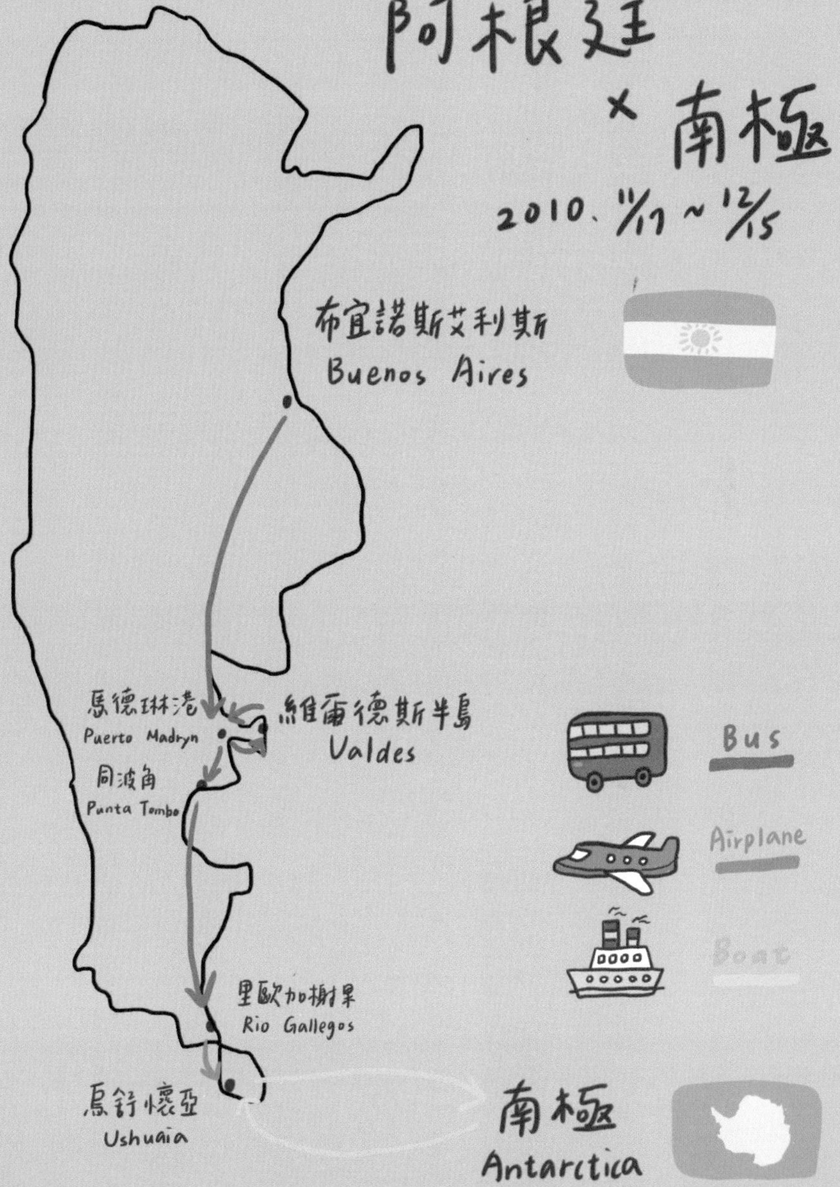

阿根廷
× 南極
2010. 11/17 ~ 12/15
布宜諾斯艾利斯
Buenos Aires
馬德琳港
Puerto Madryn
維爾德斯半島
Valdes
同波角
Punta Tombo
里歐加耶果
Rio Gallegos
烏舒懷亞
Ushuaia
南極
Antarctica
Bus
Airplane
Boat

＃南極將我留在急診界

長大之後的我，尤其是結束學生時代、結束住院醫師訓練以後，對於自己人生的記憶點，都是以各趟旅行的時間來做標記，學生時代很容易能以小四、國二、高三、大六某個年級來記憶，住院醫師時期亦是，像住院醫師第二年時在創傷加護病房遇到什麼特別的事等等，而正式成為獨立的大人以後，無法像那些已婚生子的同學朋友們，以小孩幾個月大、幾歲來做記憶點，上班、下班、值班、休假，日常生活形態的重複性過高，光陰恍如鬼魅般無聲無影地來去。

例如回想自己何時左臂長了帶狀疱疹，便能一下子記起是二〇一一年九月，當年前一個月剛從肯亞獵遊結束返台，因為使用賀爾蒙調整生理期加上長途飛行，年輕時總是一上飛機倒頭就睡整路，導致下肢深靜脈血栓[1]，接著急診各種日夜值班的時差調整，時隔未久便因免疫力下降，發了帶狀疱疹[2]，緊接十月流感接踵而來，支援花卉博覽會醫療站當天沙啞失聲，後續再因併發支氣管炎竟咳嗽咳斷自己右側的第五根肋骨，過往的日子在密集上班、密集出國、密集大小病痛中輪轉。

若是問我何時取得人生的第一張潛水執照，便能很快想起在二〇一三年九月，因著當時已安排前往世界十大著名潛點馬來西亞的西巴丹島潛水，趕在出發前一週颱風逼近的週末，壓線完成初級開放水域的潛水證訓練；回想自己何時有契機買到現居的臺北城文青老公寓，便能即刻指出是二〇一七年八月，記憶猶新，那天我剛從夜晚氣溫攝氏兩度的青康藏高原，返回高溫三十五度的台北，隔日一早正悠閒地出門準備走到巷口的早餐店用餐，在租屋處門口巷裡的電線桿上，看見那張不起眼只有幾個文字的售屋廣告傳單，一時興起便記下電話。

這趟阿根廷、南極之旅，在我平凡庸碌的生活中標記了一個極為重要的里程碑，並不是什麼人生豐功偉業的里程，而是劃分了自己旅行形態和興趣的改變，以及人生觀的轉折。在此，雖然我使用轉折一詞，轉折，似乎意味著劇烈的改變，事實上倘若跳脫至時間長軸來觀察人生曲線，其實亦僅是不經意地擺盪了一個夾角，然而隨著時間越加演進，延伸的方向越加迴異，終至導向截然不同的人生終點。

那一年在工作上甫升重症總醫師，在自主學習至上的寶山樂園，學習獨力面對排山倒海的重症病患，十二個小時沒吃沒喝沒空上廁所的班，雖不是日常卻亦非偶然，這床病人剛大吐血插完管，下一刻又推進來一床沒有呼吸心跳的病人，三分鐘離開重症區的空檔何嘗珍貴，所面對的壓

1 下肢深靜脈血栓，腿部靜脈產生血栓堵塞影響血液回流的疾病，血管阻塞的患肢會腫脹、疼痛，情況嚴重者甚至壞死，抽煙、肥胖、糖尿病、高血脂、懷孕婦女、服用避孕藥、自體免疫疾病、骨折的人，患病風險較高，生活習慣久坐、久站、長時間不活動、攝取水分不足者較易誘發，因為搭經濟艙的乘客腿部活動空間有限，亦有「經濟艙症候群」之稱。

2 帶狀皰疹，是水痘病毒所引起，小時候感染過水痘後，病毒便潛藏在神經節裡，長大後若免疫力降低的時候，諸如生活壓力大、過度疲勞、熬夜缺乏睡眠時，就會沿著神經節分布長出的疼痛皮疹，近年已有預防效果良好的皰疹疫苗可以施打。

力和湧入的重症病患同樣淹沒我，當時周遭某些個別人為因素與不公體制，加以與當時工程師男友的相處漸形齟齬矛盾，我開始質疑工作生活的一切，是否該歸咎於急診科本身的工作性質與環境，不斷日夜交錯排班造成的紊亂生理時鐘、睡眠失常所致的精神耗弱，讓我對自身的身、心、靈、情緒失去掌控。

於是，當下我選擇逃亡，再不逃避，心靈會死亡。

當年我已經面試完另外一個能夠朝九晚五的科別，該科別主任已經替我在一個不是常規招生的時間點，開出了一個罕見招募第二年住院醫師的缺額。後來我利用急診專科訓練裡臨床工作負擔最輕的學術研究兩個月，出門透透氣，思考一下未來，那時的我只想去天寬地闊、地廣人稀的地方，於是浮現念頭決定前往還未曾踏上過的南美洲，那裡有一望無際的巴塔哥尼亞高原。

簡單查了資訊，初步得到阿根廷是南美洲治安相對安全的國家，既然決定了要去阿根廷，索性一路從首都布宜諾斯艾利斯往南玩到號稱「世界的盡頭」的烏舒懷亞，當時我讀了一本遊記《日安．阿根廷》，講述一個女生獨自在南美洲自助旅行八個月的旅程，在遊歷的南美各國之中，作者最鍾情阿根廷，書中作者描述著在烏舒懷亞望向德瑞克海峽，惦念著海的對面就是南極，心想下次來一定去南極瞧瞧，閱讀至此，讓我立刻萌生「既然都來到這了，既然沒有不可抗拒的理由，為什麼要等下次呢？人生很有可能『等下次』一等就是下輩子了！」

當「順道去一下南極」的念頭跳出，距離我出門的時間不到兩個多禮拜，我上網搜尋前往南極的方法，前往南極的探險旅遊船票，大多需在幾個月前、甚至一兩年前預訂，而且價格不菲，我搜尋到剩下有限艙位的船次，直接撥打國際電話向美國船公司洽詢，最後趕在美國東岸星期五臨下班時間前五分鐘，當時二十幾歲的我用自己的信用卡，咬著牙刷了一張台幣十九萬的船票，這是這班南極航次最後一個艙位，女生限定，因為該雙人間的室友是女生，後來順利搭上前往南極的船，和我成為室友的澳洲女生告訴我，她一年半前訂船票，我則告訴她，「我三個禮拜前才突然想到可以來南極！」

#地球的彼端

我相信人在負面情緒籠罩時，不顧一切「哭著跑走」時勇氣是無可比擬的。想想自己會的西班牙語只夠打招呼和謝謝，程度和法文不相上下，先前獨闖阿拉伯語暨法語區的摩洛哥，是個穿越過層層瑞士起司洞[3]的意外結果，原先相約好的夥伴相繼一一無法前往，箭在弦上，而內心仍舊想前往，於是不得不發。這回合，自己簡直似離家出走的小朋友，哭著跑走，一回神擦乾眼淚，睜大眼睛看清現況，赫然發現已置身在說著外星語言的陌生國度。

3　瑞士起司理論，英國曼徹斯特大學教授詹姆斯・瑞森於一九九〇年所提出「意外發生的風險分析與控管」的模型，表示一個事件的發生並非單一因素所造成，而是湊巧同時穿過每一道防護措施的漏洞下發生。就像瑞士起司疊在一起，每片起司的孔洞位置不同，光線透不過，偶然情況下，湊巧層層起司中有一組孔洞的集合，讓光線剛好穿透過去。

出發前搞定了傳說中難搞的阿根廷簽證，所幸當時申請前不久數月，申請手續剛免除了最麻煩的步驟：需要當地阿根廷保人對保。出發前一週割了雙眼皮，隔週拆完線的隔日，便帶著抗生素眼藥膏、換藥的醫材和腫脹的眼皮，任性地忽略本該拆線後一週的回診，獨自出發前往地球彼端的阿根廷。

而這趟旅行的行李和簽證同樣難處理，十一、十二月份的南美洲是盛夏，再來前往即便是夏季仍多數冰雪覆蓋的南極，離開南美後續要前往寒冬的北美紐約，等候交換住院醫師觀察員訓練的通知。我背著十來公斤的相機包，拖著滿箱禦寒的衣物，穿著哈爾濱買的雪靴，走在阿根廷首都布宜諾斯艾利斯那氣溫攝氏三十度的街上，找尋青年旅館。

我在網路上找了一間青年旅館，距離大名鼎鼎的七月九日大道僅兩個街區，這條寬一百四十八公尺寬到不合常理的大道，豎立著紀念建城四百週年的方尖碑，高六十七公尺的方尖碑，便是這座城市的地標，地位如同一〇一大樓之於台北，艾菲爾鐵塔之於巴黎。

一個人旅行住青年旅館的好處是，很快就能認識同路同行的朋友，或許只有半天、一天、一個禮拜，或許甚至只有一頓飯的時間，但也可能認識至今十幾年依舊繼續聯絡的外國朋友。尤其是住男女混住床位房間，基於禮貌或是人類害怕尷尬的人性，進入房間只要有其它室友在，便會很自然地開口互相打招呼聊天，話題起手式不外乎你是哪裡人？來這裡多久？去過哪裡？要去哪裡？還沒去過某景點的人就會請去過的人推薦，若聊天的雙方都還沒去過很容易就能揪伴同行。

來到阿根廷之前，對於傳說中惡劣的南美治安，持著戒慎恐懼的心，實際抵達的時候，豔陽高照，街上往來熱鬧的樣貌，看不出和台灣有何不同。傍晚天已暗下，我打算去青年旅館三個街區外的另外一間分店，與青年旅館有合作的旅行社直接在大廳設置服務櫃台，於是步行過去詢問和預訂行程。為了方便沿途隨時拍照，我習慣將單眼相機背在胸前，青旅櫃檯的女孩提醒我，要把相機收起來或是藏在外套裡蓋起來比較安全，我稍微用外套遮蓋便出門。待我到了另外一間青旅分店訂完旅遊行程要離開時，櫃台的人同樣又提醒了我一次。

晚上十點多，我和同一間混住床位房間的室友Joffre打算去附近的漢堡王吃宵夜，出門前他看見把相機背在胸前、用外套遮蓋的我，即便是來自巴拉圭的高壯年輕男子如他，也再次提醒我晚上這樣很危險，他告訴我他們南美人不會這麼做。所有的人耳提面命，我想治安應該真的、真的很差。後來幾晚，我都一個人到七月九日大道上去拍攝方尖碑和廣場拍夜景，留意到時不時會有人倚靠在路旁牆邊抽菸，以一種令人感到跼促的眼光打量往來經過的路人，我會刻意保持距離繞過那些人，甚至遠遠注意到前方路旁有人站在路邊抽菸，便提前過到馬路另外一側，偶爾路邊不斷出現這樣可疑的人們，我這個外來觀光客便詭異地在街上之字形地不斷來回過馬路。

撇除令人擔憂的治安，布宜諾斯艾利斯是座風情萬種的迷人大城，這座十六世紀中為西班牙殖民者在布拉達河出海口建立的城市，走在街上，感受到隨處散發著歐風氣息，巴雷爾摩區（Palermo）有廣闊的綠地公園和時尚餐館，聖特爾摩區（San Telmo）聚集眾多探戈咖啡館，我選擇落腳的聖尼古拉斯區（San Nicolas），購物方便，方尖碑、粉紅宮等知名地標位居此區，拉波卡區（La Boca）則是靠近港口的觀光勝地，這裡有極具特色、用色大膽的移民建築，還有雷科萊塔區（Recoleta）這裡有以艾微塔之墓而著名的雷科萊塔墓園。

走在布宜諾斯艾利斯，不經意地即能在街頭看見探戈表演舞者在路旁翩翩起舞，或是在街角不起眼的牆面撞見關於足球主題的噴漆彩繪，街坊牛排館林立，在這個每人年均吃掉五十八點四公斤牛肉的畜牧大國（二〇一七年統計數據），多數餐館的菜單上少不了牛肉料理。

我和在青年旅館認識來自香港的Penny結伴去拉波卡區，儘管是熱鬧繽紛的觀光勝地，旅遊書上和當地人再三提醒要注意安全，人潮多的地方要留意扒手，也盡量不要落單走入沒有人潮的巷弄。早期移居此地的居民多來自義大利熱那亞，便將色彩繽紛的南歐建築風格攜入此地，這日天氣大晴，用色鮮艷的建築交錯羅列，在陽光照射下，這些建築物活潑得像要開口跟你打招呼。

沿著巷弄，販售自己作品的藝術家攤位一字排開，風景畫家、人物寫真畫家、金屬手工藝家、編藝藝術家和他們的各種創作，不禁想推薦給各種需要不斷創新靈感的人，旅行堪稱是激發新想法的最佳方法之一。走到巷弄的盡頭，湊巧遇上一群戶外教學的中學生，穿著制服的阿根廷青少年男女，有些認真地趴在巷弄邊牆上抄寫著雕像的說明牌，有些在一旁喧鬧咯咯地笑，連路人如我都被那青春的氣息所籠罩。

拉波卡區觀光客如潮，對於咖啡館或餐館來說，無非是攬客的一級戰場，此區的酒吧、咖啡廳或是牛排館，經常會在門口或外庭用餐區請探戈舞者現場表演以招攬生意，有些舞者一時興起，還會牽起遊客的手踩幾個舞步。相較之下，位在其他區域的探戈餐酒館，諸如特爾摩區的Bar Sur（意為太陽酒吧），因王家衛導演一九九七年的電影《春光乍現》在華語界聲名大噪，無需特別手段招攬客人，全球的旅客、影迷慕名而來。

來到阿根廷，選一家探戈餐酒館坐坐，耳邊傾洩悠揚的樂音，欣賞身材優美的舞者翩翩舞動，線條隨著節奏流動，大啖牛排、小酌紅酒，著實享受。不過中肯而言，在阿根廷期間吃到的牛排，例如同樣是點五分熟，相較在台灣或其他地方吃到的牛排，口感較乾韌，每個人的五感喜好迥異，味蕾實際接受到訊號最後演繹成的味覺，並非透過文字能全然心領神會，饕客務必親自前往品嚐。

我找了一天獨自前往雷科萊塔墓園參觀，住宿在青年旅館的那幾日，青旅裡頭認識的背包客，不是去過了就是有別的計劃，最後一個人前往。遠迢迢來到地球彼端參觀墓園，想來不免滑稽。

實際來到這座達官貴人離世後的高級住宅區，卻意料外地令人驚艷，有些墳墓兩層樓設計，有些帶有陽台、有些附落地窗、有些則有地下室，不乏精雕細琢的柱子或華麗的雕刻壁飾，當時的我，竟然欽羨起這些富豪權貴的陰宅，比我在台北市小巷弄中六坪大的租賃套房寬綽許多，儘管疑惑且莞爾死後的靈魂，究竟是否真的需要曬太陽或是儲藏收納，但這座貴族墓園各式富有巧思的墳墓建築設計，著實值得到此一覽。

起初是慕阿根廷第一夫人艾薇塔之名而來，我對於這位最為眾所周知的阿根廷女性的認識，來自瑪丹娜歌聲所演繹的《阿根廷別為我哭泣》，艾微塔之墓本身建築顯得全然無特別突出，倒是在偌大的墓園區裡尋找艾薇塔之墓，彷彿參與城市定向任務一般，即便手中有簡略地圖，仍像在虛擬實境的迷宮裡打轉，最後還是遵循亙古不變的旅遊定律—跟著人群走，便找得到那個擺放最多鮮花、有人排隊拍照的那座墳墓就是了！

#我想去天寬地闊的地方！

曾經從國家地理頻道裡，認識了巴塔哥尼亞高原，當我想從緊繃的生活中出逃時，想去天寬地闊的地方，當這個念頭湧出，巴塔哥尼亞就浮現我的腦中。

在布宜諾斯艾利斯體驗了暨南美又歐洲的文化，適應了幾天這裡的人事物，包括貨幣、語言和食物，以及將近晚上十點吃晚餐的習慣。我離開大城市，繼續往南移動，向巴塔哥尼亞的方向前進。

搭乘了傳說中服務高級的長途巴士，儘管我來自交通便捷的台灣，搭過提供沙發座椅和個人電視的和欣客運、飛狗巴士等，對於這種高級的巴士並不陌生，但是來到阿根廷完全顛覆了我過往對於「長途」巴士的定義，在台灣三、四個鐘頭的車程，便足以稱之為長途，在這裡，車程動輒十幾個鐘頭，如果同時擁有智利的簽證，如果你願意嘗試，如果你想省中途住宿的費用的話，可以選擇搭乘這種高級的長途巴士，從首都直達南美洲最南端的火地島烏舒懷亞，車程五十個鐘頭！這段距離即使是跟著導航自駕不停車，開車也需要三十六個小時，已然遠超我以往對距離感的認知。

由於待在巴士上的時間實在漫長，巴士上提供餐點，如同搭飛機一般，車服員到了用餐時間會先發用餐桌架，是個底部剛好吻合兩隻大腿形狀、符合人體工學的塑膠架，頂部就是個能放置餐盒、飲料的平台，有些巴士公司甚至提供香檳。待在巴士上悠長的時間，除了吃，另外一件重要的事就是睡，巴士座位的設計，能夠大角度後傾，依據購買的座位等級，椅背能躺下的角度反映在當初購買車票的價格上，有分半躺、全躺。張眼吃、閉眼睡，張眼對著不斷後退的草發呆，盯著許久彷彿未曾移動過的遠處山峰思索人生。

一上車，旁邊坐了一位阿根廷大叔，能感受到大叔似乎對獨行東方女子的好奇，但我不諳西文，在布宜諾斯艾利斯的短暫數日，能說的句子從兩句變成二十句上下，會的句子不外乎多少錢、點餐、廁所在哪裡，完全無法和不諳英文的大叔溝通。過沒多久，放棄用語言和我溝通的大叔，自顧自地從提袋拿出瑪黛茶具和熱水壺，印證了旅遊書所寫道，會在風景區看見一群群阿根廷人或巴拉圭、烏拉圭人提著裝熱水的保溫瓶，走沒兩步路便坐下來泡杯瑪黛茶喝。

「還真的有人會隨身攜帶裝熱水的保溫瓶吔！」內心的謎之音立刻響起，隨身攜帶瑪黛茶具的阿根廷人，不禁令我聯想起在德國柏林遊學時，那位隨身攜帶水菸壺走到哪抽到哪的埃及同學Ahmed。

大概是我觀察隔壁大叔泡茶的動作實在太明顯，大叔注意到我對他手上的瑪黛茶很感興趣，瑪黛茶是一種南美洲草本茶，瑪黛茶葉主要由一種常綠灌木巴拉圭冬青乾燥製成，大叔用造型特殊的瑪黛茶具泡好茶後請我喝，一種帶有咖啡苦味和茶香的飲品，似咖啡非咖啡、似茶非茶的茶。後來我查找關於瑪黛茶的資料，似乎除了南美洲越來越多其他地區流行瑪黛茶，甚至將瑪黛茶過度膨脹成減肥神物，不過富含咖啡因和多酚類，促進新陳代謝，不知能否解釋為何總是晚上十點大嗜牛肉的阿根廷男女，相較其他歐美人的體型苗條呢。

#翻開野生攝影的篇章

隔天巴士終於抵達馬德琳港，這個小鎮本身無太多景點，卻是通往豐富野生生態觀光的樞紐，從這裡能夠前往一九九九年被列入世界遺產的瓦爾德斯半島（Península Valdés）和南美洲最大的麥哲倫企鵝棲息地保育區同波角（Punta Tombo）。

回首當年，約莫是從這趟旅行開始對拍攝野生動物有強烈的執著，爾後的多趟旅行，是承載著明確目的去拍攝特定生態、特定生物而前往某地旅行。

決定來阿根廷後，著手查找資料，對於瓦爾德斯半島和附近海域僅數十公里的範圍，卻是瀕危的南方露脊鯨、南方海象、南方海獅等保育海洋哺乳類動物的棲息地，感到驚為天人，尤其數十萬隻麥哲倫企鵝棲息的同波角，更是吸引我前往。

我蒐集拍攝地球上各種企鵝的想法，始於此行。麥哲倫企鵝的棲息地竟然是散布低矮灌木叢的海岸邊沙土地，顛覆了企鵝都生活在冰天雪地的刻板印象，而更加衝擊我的第一眼印象，是牠們的顏值——「好醜的企鵝喲」！

同波角保育區佔地廣大，我參加當地一日遊的旅行團，從馬德琳港搭遊覽車前往，遊客攜帶著自備的午餐和飲用水，從門口解散往裡頭沿著棧道走，單程至少需要走上兩公里，沿途大西洋強烈的海風吹襲，放眼望去，盡是長年受風歪倒成同一個角度的低矮灌叢，烈日當頭照，定睛一瞧，有些灌叢底下的陰影裡，蹝伏著麥哲倫企鵝，若不停下腳步仔細留意，注意力很容易被遠方低頭覓食的羊駝分散而忽略，有些麥哲倫企鵝獨自在窩裡打盹，有些身旁縮伏著小企鵝們，看慣了動畫電影《快樂腳》裡帝王企鵝寶寶的高顏質，「啊，好醜噢！」忍不住笑著脫口而出，那臉上還沒掛著一道粉紅肉色黑黑灰灰的小傢伙，暨醜又可愛。

幾十萬的麥哲倫企鵝棲息在這片時時刻刻受狂風吹烈日曬的土地上，每天花十七、十八個小時出海捕魚覓食。此刻聞著海岸鹹味、風沙洗臉、被狂風吹到有點頭痛的我，想想自己，上一個班只要工作十二個小時，還有冷氣吹，比起作為一隻企鵝，身為人類（作為一名急診醫師）似乎已經是比較好的選擇了，話說回來，倘若我真的是一隻企鵝時，或許我會認為作為人類每天上班要面對奧客的生活，身為一隻企鵝是比較好的選擇哩！

立足巴塔哥尼亞，遠眺大西洋，一霎那間，彷彿明明才不久前淹沒困頓我的生活壓力，頃刻間頓釋，我很慶幸，當時的主管、師長、同事、家人讓我能夠有機會此刻站在這裡感受大西洋的狂風，和當下的自由。

在馬德琳港停留數日後，繼續搭長途巴士往南，車窗外的景色壯闊美麗，卻像跳針般無止盡地重複二十幾個鐘頭，令人昏昏欲睡，又在巴士上度過了一夜，抵達巴塔哥尼亞的肚臍——里歐加樹果，我私自將它稱之為肚臍，並非像世界上其他一些被稱為「世界肚臍」的著名景點，有著什麼特殊的傳說或歷史典故，而是在地廣人稀的巴塔哥尼亞高原上，地理位置上是個前往火地島、前往智利、一個月僅有一班機轉機前往福克蘭群島的樞紐地。

來到這裡停留卻是我逼不得已的決定，當年我並未申請智利簽證，而前往火地島的公路卻有一小段因為隸屬智利領土而中斷，眼見其他像是美國、香港、德國還是巴西人，能一路搭巴士直通火地島，不覺羨慕。我在里歐加樹果的街上，巧遇一位同樣是獨行的俄羅斯女士，她剛結束南極的行程，從烏舒懷亞離開，她和我面臨相同的處境，持有俄羅斯護照的她和持有台灣護照的我，都只能改搭飛機走空路繞過這段惱人的智利國土。

經過漫漫長征三千公里，終於將自己從大城市弄到「世界的盡頭」烏舒懷亞，從郊區機場搭車進鎮裡，精巧的彩色小屋映入眼簾，難以置信這裡便是前往南極的跳板。

距離登南極船的日子還有兩天，我利用其中一日前往火地島國家公園，這算是我人生第一次一個人去走這種原始大自然健行步道，之前二〇〇九年曾前往冰島走過許多沒有護欄、沒有棧板的原始步道，不過當年在冰島有旅伴，而這次在火地島，便是真真實實地一個人了，背著腳架、單眼相機、旅遊書、食物、水、外套和小猴，一走便是幾公里，儘管十一月底算是開始進入火地島的旅遊熱季，沿途遇見其他的健行遊客，數一數不出五、六組人，也沒想到未來的人生，自己在這般叫天不應、叫地不靈的地方一個人健行，會成為家常便飯。

火地島中高緯度的亞南極氣候，天氣變化極快，午間，沒一會兒陰天，沒一會兒下起太陽雨，忘不了那日，我穿著防水Gortex外套當雨衣，讓這趟出發前剛新買的單眼相機淋著雨，狼狽地在太陽雨中架腳架自拍，背景則是一道完整的火地島「世界盡頭的彩虹」，橫跨在德瑞克海峽上。不久後，我在這條縱貫阿根廷的三號公路盡頭，遇見兩位為致敬切格瓦拉「摩托車日記」的智利大漢，他們從布宜諾斯艾利斯一路騎重機縱貫三千公里來到這終點（三〇七九公里），或許也是起點，他們告訴我，希望有朝一日能夠一路騎到阿拉斯加（一七八四八公里）。

#南極，我來了！

從烏舒懷亞港口出發時，漫天彩霓晚霞送行，隨後兩日是德瑞克海峽的磨難，搭乘的探險船前身是俄羅斯科學研究用船，船名便是俄文的學術號伊歐菲（俄Академик Иоффе，英Akademik Ioffe），起初我將船名誤讀為Loffe，念起來發音類似航海王裡的主角魯夫Luffy[4]，開心地

4 日本動漫One Piece，講述吃了惡魔果實具有各種特殊能力的人，一同航海尋找寶藏、成為航海王的故事，主角魯夫是一位吃了橡皮惡魔果實的少年，具有身體能變化延展成各種形狀的橡皮人，是情節熱血的冒險類動漫。

以為搭乘魯夫號航向南極，直到三年後為了獨自一人前往俄羅斯北極圈能夠順利生存，開始嘗試學習粗淺的俄文，才赫然發現過去的謬誤，Иоффе，俄文字母И對應英文字母I而不是L。

這艘俄羅斯科研船從一九八九年到二〇〇九年三十年間執行了二十九趟極地科學研究航次，從學術界退役後，改作極地探險旅遊船，隔年我便與它相遇在南極海上。

南極旅遊船上會有三組人馬服務登船的乘客，一組為廣播時用俄文溝通的船員，另一組為負責餐點和客房服務的房務服務人員，第三組則為探險團隊，負責隨時根據天候浪況在系統及時搶標註冊登陸權，以及帶領遊客實際登岸、健行等其他戶外活動。這艘船三組人馬加起來五十七人服務一百一十七位乘客，將近一對二的比例，簡直媲美加護病房裡護病比[5]一比二的高規格待遇。

德瑞克海峽的兇險惡名昭彰，航行期間的兩日，若不是依靠新鮮感與興奮感在支撐，這兩日，顯得莫名漫長。我的澳洲室友Ruth，這兩日幾乎是躺在雙人艙房間內度過的，已經規則每六小時服用暈船藥，行船在德瑞克海峽的風浪中，無止盡的顛簸，讓她依舊暈到幾乎無法下床。船上供應的三餐，大抵就是四星飯店等級的餐點，能夠容納一百多人同時用餐的偌大餐廳，風浪大時，頂多四、五十人出現在餐廳，我本身是非常容易暈車暈船體質的人，經常在登船後或坐在行駛山路的小巴上，才後悔為什麼要來旅行！不過在南極船上，靠服用暈船藥，我還能勉強四處活動，Ruth就靠我照三餐幫她從餐廳帶回些麵包和水果，度過了穿越海峽的兩日。

關在船上搖晃多時，持續頭暈噁心，心情簡直像產程過長的孕婦那不停歇的宮縮般地令人厭世，內心祈求希望能立即停止。不知怎地，忽然間感受到反胃的波動竟赫然消失，此刻甫留意到船似乎靜止下來。傍晚，天仍未黑，這時節的南極要到晚上十點後天色才會暗下，此行意外強運，遇上合適的風向與浪況，一接近南極半島，便迎來第一次登陸探險。

儘管登陸時間短暫，初次體驗走下閘口梯、搭上小汽艇，踏浪踩上南極半島外圍的格林威治島陸地，親眼看見這裡全然不像麥哲倫企鵝居住的同波角保育區，這裡沒有棧板、圍欄、步道標示牌這些人為物品的存在。當巴布亞企鵝從眼前悠哉散步而過，躺在眼前幾公尺外雪地上的圓滾海豹，瞇著眼朝我瞟了一眼，在在忍不住讓人想尖叫，是真真實實的野生動物呀！南極，我來了！感謝三個禮拜前的突發奇想，我真的來南極了！[6]

---

5 護病比，一位護理人員照護患者人數的比例，國際認定普通病房最佳護病比為一比六，我國在二〇一五年的評鑑標準是全日平均護病比醫學中心是一比九，區域醫院則是一比十二。研究顯示，當護病比超過一比六，護理人員每多照顧一名病人，病人死亡率就會增加百分之七。加護病房裡的護病比是一比二，而急診無論是來診區或是重症區，因無法拒絕病患就診，病患人數流動極大，新冠疫情前，出現護病比高達一比二十可怕的情況都非罕見情形。

6 關於抵達南極後的詳細旅行記述，請參閱二〇一二年我與另外十一位自助旅行達人合著的旅遊文學作品——《從中亞到南極：批踢踢鄉民的冒險》：書南極篇。在此順便勘誤，當時該書上我確實將船名Akademik Ioffe（字首為英文大寫的i），誤植為Akademik Loffe，再過一年後的二〇一三年筆者學俄文時才發現此錯誤。

#冒著生命危險在旅行

航進遠離文明的南極洲，期間所有的需求都承載於船上，在兇險的大自然環境中，倘若發生任何意外，都必須自行負責自己的安全。

從南極回到烏舒懷亞的返程，或許是因為海流的流向，航經德瑞克海峽所花的時間縮短了近乎一半，不過中途一度待速航行，船長廣播因附近有另外兩艘船被困在暴風雨中，於是我們這艘船在附近海域待命，若有必要，需要協助救援。在這種情況下，人類的力量顯得極為渺小，在大自然面前，人類只有互助合作才得以繼續生存。所幸，後來不需要在南極海域見證鐵達尼號般慘烈的歷史事件，我們的船繼續航返烏舒懷亞港。

返回烏舒懷亞，下了船，踏實地踩在平穩的地球表面上，內心有股難以言喻的感動，我想Ruth重獲新生的感動應該比我多上幾百倍吧。告別了在船上相處多日新認識的各國南極船友，我回到登船前住宿的旅館，早先將一些估計在南極使用不到的行李寄放於此。當我一進門，向櫃檯老闆娘打招呼時，老闆娘臉上立刻露出（看到鬼般）極度雀躍歡欣的表情，在我尚未會意過來，說時遲那時快，老闆娘一個箭步就上前給我一個大大的擁抱，我以為這是阿根廷人的正常熱情能量釋放。

她一面問我南極旅遊如何，一面轉身拿出報紙（我看不懂的西班牙文報紙），封面的頭條新聞刊登著一張南極船的照片，她翻譯給我聽，告訴我說前兩天有兩艘南極旅遊船被困在暴風圈裡，其中一艘被七層樓高的側浪打到，失聯了將近三十個小時，被阿根廷軍艦拖回烏舒懷亞港，萬幸的是，沒有重大傷亡。她告訴我，她看到新聞立即想到正好這時間搭上南極船的我，非常擔心我是不是在受困的船上，看見我平安歸來，她鬆了好大一口氣。

忽然間意識到，原來自己果真是冒著生命危險在旅行啊！不禁想像，如果我被吞沒在德瑞克海峽，或許幾日後消息會傳回台灣親友的耳中，或許會造成家人的困擾（需跨國處理後事），或許有些記得我的朋友會在社群媒體發文悼念，然這個世界仍舊如常運轉，**對整個世界而言，我的存在並不是那麼重要，我人生的實質意義，是實際活著時的每一個當下**，自己所賦予自己的，所**以無論如何，都得想辦法好好活下去，只有活著，人一輩子努力在掙的一切才是屬於自己的。**

我依然感動，原來在我孤獨一人遠行到地球彼端時，竟然會有僅幾面之緣的阿根廷人，惦念著我在南極的途中是否安好。

這間旅館因為滿宿，我取走寄放的行李，告別了老闆娘，投宿另外一家青年旅館，途中竟飄起了雪。幾日前在南極還遇上攝氏二十五度豔陽高照的日子，我拉著沈重的行李，停下腳步，看著細細的雪花飄落，落到身上便旋即融化，帶著滿腔的惆悵速速往青旅前行。

到青年旅館，重新安頓好自己，外頭天氣忽然變天，於是打算賴在青年旅館稍作休憩，逛街買紀念品之類的事，晚一點再說。時值中午，我在公用的廚房餐廳泡杯熱咖啡取暖，一個膚色白皙剔透相當年輕的外國女孩正在準備她的午餐，我很遺憾我已記不起她來自哪裡和她的名字，但是她順手舀了一碗她剛煮好熱騰騰的南瓜湯給素未謀面的我，開啓了我們之間的對話，記憶中的那碗南瓜湯，味道濃郁到流入我的心房，一股溫暖竄流全身。

當年的我烹飪能力僅止於煎蛋、煮熟麵條、燙青菜和把超市買的肉排想辦法弄熟，對於眼前這位看起來不到二十歲的年輕女孩，能夠自己烹煮出美味的午餐，感到佩服。多年後的今日，拜新冠疫情所賜，多了許多時間和機會待在家裡練習廚藝，儘管至今我切開傷口排膿的技巧仍遠優於切菜、切魚、切肉，每每在家料理切南瓜時，總一再想起當年在世界盡頭的那碗南瓜湯。

騎驢找馬雖可恥但好用

說穿了，這一趟阿根廷、南極之旅，就是趟逃避的旅程，誠如世界上眾多失戀了才決心跨出舒適圈去旅行的人們，美其名是學習獨立、自我突破、探索新視野、體驗世界、找尋真我，啊，我只想坦誠，我僅僅單純地想逃避、想喘口氣，正如日劇片名金句「逃避雖可恥但有用！」

一直以來，旅行教會我一個再簡單不過的真理，就是如果想擺脫現在生活中正困擾你的事，離開那個環境！

然而這金句的真諦，對我而言，我將它釋義涵蓋兩個階段，逃避只是到一個緩衝的狀態。脫離困頓的狀態，才有足夠的能力「去釐清現況」，才有足夠的能力「為接下來做選擇」。重新回到原先環境是一種選擇，離開原本的環境是另一種做法，帶著改變做法的心態回到原先的環境又是另一種選擇，這才是逃避的真諦。

心靈雞湯的書籍、熱血的影集和中二[7]的日本動漫，總是一味宣揚「面對現實不要逃避才是正確的選擇」，儘管這個觀念相當鼓舞人心，然而那個所謂的「正確」是古往今來社會文化多數人的思想標準所定義出來的，或許並非適用所有人。

過往演講時，我會選擇鼓勵其他人，面對事情嘗試不要逃避，但同時我也認同「繼續逃避」是每個人的選擇自由，我傾向將「正確的選擇」定義為，作出的選擇是當事者當下內心最能感到舒適的做法，儘管的確有可能一段時日後，這個選擇不再讓當事者內心感到最舒適。

過去社會文化定義的「正確的選擇」，多半以獲得性價比最高、客觀上最大利益結果、往後懊悔機率最低的選擇來定義。說成白話，我認為逃避無罪，只要這個逃避不因此刻意傷害別人，你我不必因為逃避而感到罪惡感，不要過度在意周圍他人的眼光或道德標準，畢竟做了選擇，承擔後果的是自己。

我也逃避過，而且感謝那場逃避，把我留在充滿刺激、不確定性、高衝擊性、看盡人性的急

7 中二，又稱中二病，源於日本，意指國中二年級，泛指青少年強烈自我為中心的特質、青春期的行為狀態，形容一些經常自以為是地活在自己世界、做出自我滿足的特別言行。

重症醫療領域裡。

一隻腳踩在急診醫學、已經半隻腳跨到其他科別的我，歷經南美、南極的旅行，我十分認真地想像模擬，將來過著朝九晚五職涯的自己，「呵，那真不像我啊！」忍不住對腦中小劇場裡的自己噗嗤了起來，我自己都能清楚地看破自己的手腳，想去別科，根本僅是想逃避現在所處的急診科罷了。

從一時強烈的逃避情緒冷靜下來，重新審視自我，完全無法想像自己能適應週一到週五上班週復一週規律的作息。「騎驢找馬雖可恥但好用」，下定決心後，我慎重地去向開缺給我的他科主任道歉和道謝，感謝他在我低潮的時候願意給我一個機會，也致上我萬分歉意最後沒去，但是我想如果我選擇去了，結果又中途離職，或許會帶給他更大的困擾，行文至此，冗長的旅程前情提要，最終結局是，我逃避，然後我面對！

感謝旅行在我逃避的過程中，持續灌注我前進的能量，感謝旅行讓我在壓力山大的急重症醫療中獲得救贖，感謝旅行將我留在急診界，讓我發揮自己的能力去救治需要幫助的人。

阿根廷第一夫人艾薇塔之墓，遵循亙古不變的旅遊定律——跟著人群走，便找得到那個擺放最多鮮花、有人排隊拍照的那座墳墓就是了。

一九九九年被列入世界遺產的瓦爾德斯半島，這裡是搭船賞南方露脊鯨的天堂。

長途巴士上坐隔壁的阿根廷大叔，自顧自地從提袋拿出瑪黛茶具和熱水壺在巴士上泡起茶來。

阿根廷最南端的火地島國家公園，這裡的郵局可以蓋特殊的紀念章。

喜歡在船頭衝浪玩耍的康氏矮海豚，身體上的黑白色塊對比鮮明。

南美洲最大的麥哲倫企鵝棲息地保育區同波角，企鵝待在散布著低矮灌木叢的海岸邊沙土地，顛覆了企鵝都生活在冰天雪地的刻板印象

南極極美的海與冰山。

我在這條縱貫阿根廷的三號公路盡頭，遇見兩位致敬切格瓦拉「摩托車日記」的智利大漢，他們從布宜諾斯艾利斯一路騎重機縱貫三千公里來到這終點。

獨自在火地島國家公園健行，忽雨忽晴的天氣，狼狽地在太陽雨中架腳架，與彩虹和德瑞克海峽合影。

小猴在南極與巴布亞企鵝的第一次相遇。

南極的英屬洛克魯瓦碼頭，一隻巴布亞企鵝與南極郵局前的英國國旗合影。

阿根廷是足球大國，布宜諾斯艾利斯的拉波卡區街道一隅的牆面塗鴉。

第一次體驗現場觀看足球比賽。

南美世界盡頭的烏舒懷亞，小鎮上的雜貨店老闆娘，在我從南極返回時熱情迎接我。

在布宜諾斯艾利斯街頭遇見會說台語的草編藝術家。

國家圖書館出版品預行編目資料

渴旅十九（上）：千禧流轉，關於我從醫學生轉生成背包勇者的事／貝琪梨著；-- 初版. -- 臺北市：黎明文化,2024.11〔民113〕面；公分－
ISBN 978-957-16-1032-0(上冊：平裝)
ISBN 978-957-16-1033-7(下冊：平裝)

1.CST: 旅遊文學 2.CST: 世界地理

719　　113014213

圖書目錄：817062（113-15）

渴旅十九（上）：
千禧流轉，關於我從醫學生轉生成背包勇者的事

作　　者　貝琪梨
地圖繪製　Nidraw泥作
董 事 長
發 行 人　黃國明
總 經 理　文天佑
總 編 輯　楊中興
副總編輯　吳昭平
美編設計　楊雅期

出 版 者　黎明文化事業股份有限公司
臺北市重慶南路一段49號3樓
電話：（02）2382-0613分機101-107
郵政劃撥帳戶：0018061-5號
發 行 組　中和市中山路二段482巷19號
電話：（02）2225-2240
臺北門市　臺北市重慶南路一段49號
電話：（02）2311-6829
公司網址　郵政劃撥帳戶：0018061-5號
http://www.limingbook.com.tw

總 經 銷　聯合發行股份有限公司
新北市新店區寶橋路235巷6弄6號2樓
電話：（02）2917-8022
法律顧問　楊俊雄律師
印 刷 者　中茂分色製版印刷事業股份有限公司
出版日期　2024年12月 初版1刷
定　　價　新台幣420元

ISBN ：978-957-16-1032-0（上冊：平裝）